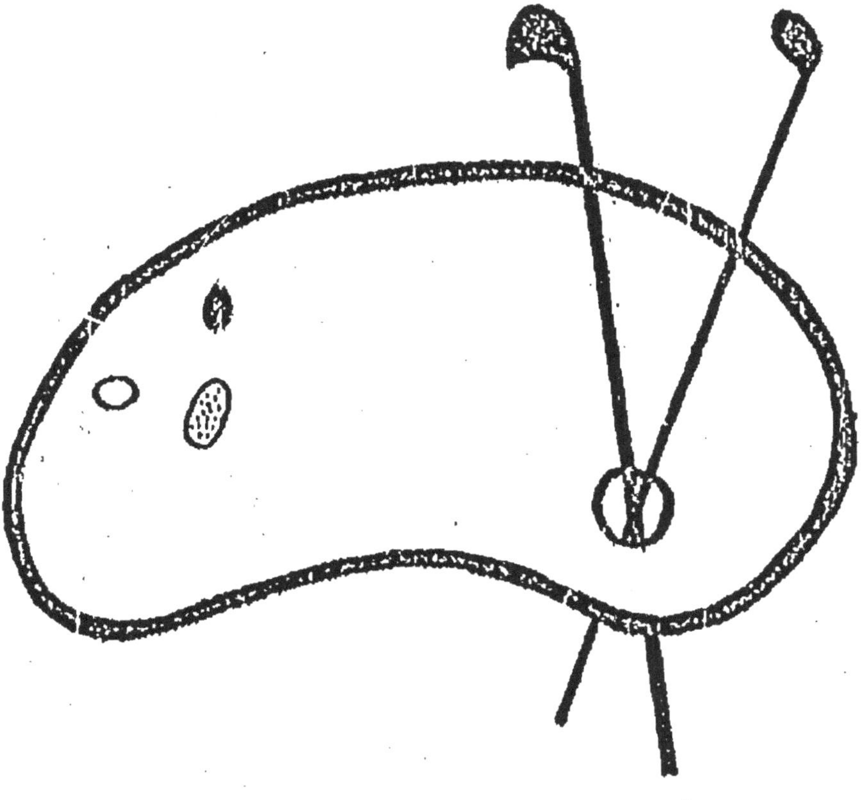

COUVERTURE SUPERIEURE ET INFERIEURE
EN COULEUR

LE
DOCTEUR TERRIBLE

ORDONNANCES

SUR

LE MAL DE MISÈRE

PAR

Adolphe GÉRARD

Auteur des *Foudres Révolutionnaires*, du *Cap des Angoisses*,
de la *Voix d'un Rebelle* et des *Rumeurs de la Seine*.

En y pensant toujours.
Newton.

Eurêka ! Eurêka ! Je l'ai trouvé !
Archimède.

Il y a deux choses qui remplissent
mon âme de respect et d'admiration, le ciel étoilé sur nos têtes, la
loi morale au dedans de nous.
Kant.

Cinquième Édition. — Prix **30** Centimes
(DROITS RÉSERVÉS.)

EN VENTE :

Chez l'Auteur, 188, Avenue du Maine

PARIS 1883

NOTES DU DOCTEUR TERRIBLE

Page 7.

(*a*) Lyon, 1832. — Paris, juin 1848. — Nuit du 2 décembre 1851. — Paris, Lyon, Marseille, Narbonne, etc., 1871.

Page 12.

(*b*) Newton dans son Livre des Principes parle de l'inertie comme d'une force de résistance seulement. Tout corps en mouvement ou en repos possède une force soumise à d'autres énergies, lesquelles, agissant sur lui, modifient ou détruisent sa puissance intégrale.

Page 13.

(*c*) L'une, l'insolence du Riche (*Pax homini!*): l'autre, l'écrasement du Pauvre. Quant à ce dernier, point de paix! Écrasé dès son berceau par la détresse de ses parents; écrasé dès son enfance par l'administration, par une société qu'il n'a point faite; écrasé dans sa jeunesse par l'ignorance qui diminue son cerveau, et dans l'adolescence par la promiscuité des vices de son milieu; écrasé dans ses devoirs d'époux par un travail excessif qui le brise, le ruine, et qui, faute d'un morceau de pain, faute d'une voix secourable, l'expose le plus souvent, désarmé, démoralisé, insouciant de son état réel, à tomber dans le crime... Hélas! hélas! arrive-t-il à l'âge mûr? échappe-t-il aux embûches? aux poisons? à la débauche? alors qu'il prend la qualité de citoyen, survit-il, sain et sauf, aux autorités qui l'oppriment? au percepteur qui le dépouille? au prêtre qui l'espionne? au juge qui l'insulte? au geôlier qui le torture? que l'âpre Misère à sa proie attachée l'écrase d'autant plus que d'elle il a conscience et aversion. Heureux encore — ô Pauvreté! triste Compagne! — si, à son dernier soupir, il ne reste pas une fois de plus sous l'écrasement de quelque ineptie calomnieuse, s'il tient bon contre l'envie des soudoyés, contre la bave des opulents, des orgueilleux et des corrompus! — Ah! si, comme il faut le croire, *Pauvreté n'est pas crime*, où donc est-il? — (Renvoyé à la première parallèle.)

LE
DOCTEUR TERRIBLE

ORDONNANCES

SUR

LE MAL DE MISÈRE

PAR

ADOLPHE GÉRARD

Auteur des *Foudres Révolutionnaires*, du *Cap des Angoisses*,
de la *Voix d'un Rebelle* et des *Rumeurs de la Seine*.

En y pensant toujours.
Newton.

Eurêka ! Eurêka ! Je l'ai trouvé !
Archimède.

Il y a deux choses qui remplissent
mon âme de respect et d'admiration, le ciel étoilé sur nos têtes, la
loi morale au dedans de nous.
Kant.

Cinquième Édition. — Prix **30** Centimes

(DROITS RÉSERVÉS.)

EN VENTE :

Chez l'Auteur, **188**, Avenue du Maine

PARIS 1883

LE DOCTEUR TERRIBLE

I

LA VOIX DU DOCTEUR SE FAIT ENTENDRE

L'Apostolat moderne.

ADOLPHE G.

Au lendemain des fêtes et des déceptions, après les fumées de l'orgueil, après les indigestes festins des Omnipotents, lorsque la meute des Insatiables jette au vent sa dernière gueulée, quand sur vous, Bellâtres, Ventrus, Renégats, il pleut des croix, des honneurs, des titres de rente et le superflu de toutes choses, quand l'inégalité est telle que l'on prend le possible et l'impossible à ceux qui n'ont presque rien, alors que le paysan voit sa récolte menacée, que le prolétaire, soit chômage, soit maladie, les yeux caves, l'estomac vide, souffre de la plainte sourde des siens, un État se dit florissant : les gabelous sont à l'affût, les impôts s'alignent, les Ministres jubilent ! Mais les prisons regorgent. Ce lendemain passé, une fois sorti de l'ahurissement, de la confusion, que voyons-nous ? qu'entendons-nous ? Le crime triomphe ! Vainement voudrait-on se refuser à le croire, — voyez l'Égypte ! voyez l'Irlande ! voyez la Russie ! — ce sont des cris... des clameurs... des trahisons... des coups de feu un peu partout. C'est une rouge marée qui monte à l'horizon ; c'est le *Mal de misère*, une lèpre, qui tue jusque sous nos yeux... Hommes égoïstes, égarés ou inconscients, qui souffrez, que vous faut-il encore, que vous faut-il de plus, pour nous suivre dans nos investigations ? — L'année 1882 met aux prises l'Orient et l'Occident à l'heure où le DOCTEUR TERRIBLE entreprend ses pérégrinations à travers les champs de bataille, les villes bombardées, les campagnes agonisantes, au milieu de cadavres, — fellahs, paysans, galériens du machinisme, — cessant de suer un impôt usuraire, une dîme écrasante, une plus-value monstrueuse... Il va, quand la putréfaction des conciliabules d'en haut répand sa peste, quand les malédictions d'en bas tombent sous les balles des exploiteurs, il va imperturbablement où sa voix sera entendue, où ceux des opprimés restés debout refuseront les fils de leur chair aux assassins, et les filles de leur tendresse aux suppôts des grandes infamies.

Non loin de cette marée de sang qui s'étend du nord au midi, et qui reviendra fatalement du levant au couchant, pour finir dans les ténèbres, notre Docteur, homme de science, de cœur et de résolution, me voyant fort troublé, presque consterné, me dit impérativemement : « Hâte-toi ! Il faut partir sans plus tarder... Ne t'ai-je point taillé une rude besogne pour les jours supplémentaires qui te sont dévolus ? En selle ! Mais, par Prométhée, par Danton, par Marat, par Delescluze, laisse ton Pégase au vert, à ses jardins d'opéras, à ses luzernes exotiques ; laisse tout l'attirail des énervations ; à toi, ce cheval pur sang ; à moi, à moi cet autre, ce fougueux de noble race, quelque diabolique qu'il paraisse. Vois, la vapeur de leurs naseaux te dit d'avance quels éclairs vont jaillir de leurs pieds vigoureux ; vois aussi, de toutes parts, des masses prolétariennes, profondes, se débattant dans les angoisses de la misère, s'embourbant dans les marais de l'ignorance ; or, je prends à tâche de les guérir, de les sauver !

« Comme je t'ai appris à publier mes *Ordonnances*, suis-moi, je le veux ! » — Ces mots m'électrisèrent. Moi, l'ami d'un tel homme,.. je n'y tenais plus. Quelle série d'étapes et d'études, pensais-je. Tandis que, sous l'éperon de mon déterminisme, prévoyant que j'allais répliquer, il reprit aussitôt : « Je le veux, te dis-je ! N'ai-je pas lu dans ta pensée, dans ton cœur ! N'étais-je pas, en des jours incertains, de moitié dans tes travaux, et le compagnon de tes veilles ! Nos infortunes sont communes, puisque je t'ai consolé. A celui qui a vécu dans la peine, sauvé par moi de mille périls, à celui-là de mourir dans la joie du devoir accompli ! »

II

ÉTAPES DANS LES TÉNÈBRES

Nous marchons vers l'abîme à pas précipités;
Nous traversons des temps entachés de tuerie ;
Un râle entre avec nous, passe au sein des cités
Quand l'État se raccroche à des planches pourries.
C'est l'instant d'être fort contre les lâchetés !
Voix tumultueuses. — Le Devoir.

ADOLPHE G.

Donc, nous étions partis. Les yeux fixés vers les gouffres d'en bas, l'esprit tendu vers les choses voilées ou perdues dans la nuit, émotionnés à la vue de tant de ténèbres, et sous l'égide de notre conscience, nous allions ! Notre marche devait s'effectuer du faîte à la gorge, du versant à la plaine, de la vallée au souterrain, de la grotte au repaire; et nous voilà passant les monts, les fleuves, les mers, et, d'un continent à l'autre, faisant des constatations pathologiques peu rassurantes au succès de l'entreprise. Hélas! ce n'est pas sans un bien vif chagrin que j'avais renoncé à monter de plus en plus vers ces beaux sites poétiques où l'homme se revêt d'héroïsme et de moralité, où la vue s'arrête volontiers aux choses pittoresques pour en surprendre l'idéal, où l'on entend des symphonies si pénétrantes qu'elles attirent vaguement vers ce qui tressaille, où, quand la loi inéluctable de la succession des êtres nous apporte une douleur, ajoutant une mémoire à notre fardeau, tout accent viril nous élève et nous grandit à nos propres yeux, car, dès qu'il me fallût descendre à l'expression crue, au fait vulgaire, à l'autopsie légale, à la dissection, à l'analyse, une fièvre brûlait mon sang artériel comme si j'eusse été violenté, et des hallucinations m'obsédaient. Chaque étape allait nous conduire jusqu'en des bas-fonds où l'homme décroît, dégénère, puis s'ignore, où le fourmillement le prend, l'use, le corrompt, détruit une à une ses meilleures facultés pour l'abandonner ensuite à son néant.

L'isolement poussait sur nous ses murs d'ombre. Nous descendions les hauteurs alpestres des mélèzes et des sapins par des chemins escarpés rugueux. C'était sauvage et majestueux à la fois. Donc, aux dernières lueurs d'un crépuscule flamboyant, nous descendions toujours! Et toujours, dans une épouvante en perspective, frappés d'admiration, notre esprit s'occupait des révolutions du globe.

Le Docteur Terrible, maître de sa raison, prenait des notes tout en observant la mobilité de mes traits sous l'action de mes lobes cérébraux; tandis que, n'ayant pas assez d'yeux pour voir, par un mouvement convulsif, d'instants en instants, je retenais mon cheval tout frémissant et hennissant. O sentiment d'effroi ! ô lien d'infériorité ! n'étiez-vous en cette circonstance qu'un rapport naturel entre deux êtres, entre l'homme et la bête ? De l'instinct ou de la raison, qui prédomine ? qui l'emporte ? Un magnétisme transmet-il à des types hors ligne plus de force à l'instinct, plus de solidité à la raison, et confond-il ainsi les rangs de la série animale par de telles affinités en vue du perfectionnement des espèces, que nous constatons, ailleurs qu'en nous, des éclairs d'intelligence en parfaite concordance avec ce que nous éprouvons ?

« Oh ! oh ! fit le Docteur, voudrais-tu sonder l'obscurité de plusieurs milliers de siècles futurs ? Contente-toi du temps présent ; c'est bien assez de nuit comme cela. Tiens ! nous voici dans la région des forteresses d'un aspect redoutable. Là-dedans, au signal d'un brave... — ce style impérial te choque, reprenons : — Pour la louange d'un chef stupidement obéi, des humains cracheront la mort autour d'eux.

« Casemates, glacis, obusiers, foudres de guerre, remparts, prennent des noms d'apparat ; sur les frontières, on les a qualifiés de sentinelles avancées et, telles, préposées à la bonne entente des peuples et à la garantie des traités. — Merveille !... — Pourquoi te récrier à chaque mot ? Un tel chef-d'œuvre te paraît-il peu respectable ou peu rassurant ? »

Docteur, si je vous comprends bien, on a peine à croire que d'entre ces murs sorte jamais une idée de protection et d'humanité. Des frontières ?... Que ne m'ordonnez-vous d'écrire : Est-ce que la pensée peut en avoir ? Quand la vie universelle élabore l'égalité comme œuvre finale, elle est l'harmonie, elle est la justice ; point de bornes à l'intelligence ! Quoi ! l'on voudrait enrayer nos pas, nos désirs, notre curiosité, nos aspirations ? Quand même les Barbares seraient à nos portes... La loi de relation, d'affinité, de groupement, ne s'établit-elle pas malgré les océans ! Alors, par quel intérêt mal entendu veut-on parquer les peuples ? Ne serait-ce, en les armant les uns contre les autres, que pour mieux les exploiter ? O folie de l'orgueil ! ô maladie incurable ! des centaines de millions d'hommes souffrent au contact de quelques pestiférés.

« Du calme, reprit mon compagnon. Les vaisseaux anglais lancent des boulets civilisateurs ; réservons-nous. Les parfaits *gentlemen* du négoce ne perdront rien pour attendre. D'ailleurs, comme il faut laisser reposer nos montures, chacun va se chauffer de son bois. Campons ici. Or, continua-t-il, des aurores hâtives devant se lever sur de nouveaux perfectionnements de destruction, la ruine d'autrui étant le dernier mot du plus féroce, de l'envahisseur, des contrées entières disparaîtront les unes après les autres. Donc, il y a une somme de probabilités pour que le cheval, notre ami, survive au dernier homme ainsi abâtardi, ainsi rongé de vices, de chancres et d'avarice. Te plaît-il par le calcul, dit-il ironiquement, d'aller rejoindre en des couches carbonisées, nos ancêtres de l'époque tertiaire, les anthropoïdes, ces contemporains des mastodontes et des mammouths disparus?... Un bruit menaçant de *Qui vive?* passait par les échos; le vent, rompant le silence de ces sombres séjours, emportant un cliquetis d'armes, sifflait au loin et, tour à tour, geignait, hurlait, tandis que, sur les remparts, par les redoutes, aux meurtrières des fortifications, des soldats grommelaient. Élevés dans l'art de tuer, dans le mépris de la vie, dans l'exercice du meurtre, soit prouesses, soit brutalités de caserne ou sauvagerie du commandement, ces assoiffés d'horreurs ragent de ne pouvoir toujours s'en prendre aux passants pour s'entretenir la main, disant volontiers : « *Tout voyageur est un pékin, et de plus, c'est un ennemi.* » Allez donc croire après cela que les murs crénelés et les retranchements représentent la sécurité d'un pays. Et quand même, à un moment donné, moment suprême d'une héroïque défense, cette exception serait accordée, l'Idée émancipatrice, notre guide, pourrait encore se croire sinon perdue, du moins fortement attardée. Aussi, nous voilà cheminant. Ah! certes, si le progrès n'est pas un vain mot, si le monde doit être sauvé, il faut que l'Europe désarme, que l'Asie devienne Libre-Penseuse; il faut que les budgets de perversion et de destruction servent à... Mais, ô Nuit mortelle, ces militaires immobilisés dans un langage restreint, grossier, absolu, idiot, n'ont plus rien du fils de noble valeur, plus rien du citoyen, plus rien de l'homme ému. On les a glorifiés du titre de héros; mais au fond, tout compensé, ce sont des tueurs à gage servant la folie furieuse des rois. Invoquerat-on le raisonnement contre nous? — fit le Docteur, sondant une des plaies sociales, — voyons : est-ce que la force n'est pas tout, d'après un Chancelier infernal! d'après l'Amirauté anglaise!

« Philosophie... Suprême Idéal... Civilisation... Doctes conceptions vengeresses, quoique désarmées, est-ce qu'une autorité farouche et sanguinaire veut autre chose que l'obéissance passive!... Ah! quelle qu'en soit l'horreur, quel qu'en soit le triomphe possible! après le carnage (a), devant la proie, l'instinct cruel et la rapine prédominent toujours dans l'oisiveté. Triomphateurs se valent : rusés Normands, épais Teutons, boivent ensemble; ainsi trinquèrent Bismarck et Pouyer-Quertier. Ténèbres de l'esprit, demandez au soudard clicvronné s'il se souvient qu'il a peut-être quelque part, dans l'ombre ou devant lui, une mère, un frère, un jeune parent, un vieil ami, alors qu'il se précipite dans l'ivresse de la poudre et de la tuerie? alors qu'il passe de la rage à la folie? Compagnon, vit-on jamais un sabreur équilibrer des raisonnements? un vendu sortir de sa honte? un bourreau répudier sa haine? Autant vaudrait livrer son espérance aux chacals et aux tigres! »

O marche aventureuse dans le sombre et vers l'impénétrable! Tout-à-coup, passant d'une région désolée à d'autres campements, des châteaux princiers s'offrent à notre vue par les éclats de lumière de leur intérieur. Tristesse nouvelle! Habitacle des vices dorés. Ceux-là, les maîtres de ces domaines, oublieux par trop de la brièveté de la vie et de la conscience qui nous y ramène, vivent comme en dehors de l'humanité. Superbes, ayant des murailles d'airain, une grandeur éphémère les environne; leur parole emplit l'air où la foule s'abreuve; un luxe de laquais veille autour d'eux, et nous les voyons au pavois de l'acclamation. — Docteur, puisque, au sens exact d'une saine logique, ils ne peuvent être véritablement grands pour avoir un langage aussi inouï et si vide de sentiments humains, pouvons-nous les ramener à leur juste valeur et les mesurer à une échelle de proportion ? — « Sans aucun doute, n'avons-nous pas le pilori de l'Histoire, leurs pancartes, leurs états de services... Cela vaut bien le Bicêtre des fous, pensons-nous. Vaille que vaille, Personnalités encombrantes, Incarnations stupéfiantes de toutes les insanités, nous n'irons pas à des luttes sans issue. Heureux d'être retranchés dans la sphère du philosophe, nous nous y tiendrons, bien que nous soyons tentés de briser ces renommées d'un jour, de mettre à nu ces ventrus, ces goîtreux, ces cancres, et de pourchasser en temps et lieu, à son de trompe, au bruit des cuivres et des sifflets, ces gens d'astuce et de parade; hypocrites et parvenus toujours avides, sorte de sangsues phénoménales secrétant leur gangrène sur le corps social. Ce qui, d'un autre côté, nous éloignerait du but poursuivi. Cependant, ô mon Interlocuteur, je te veux répondre par ceci : Conçois, par hypothèse, le peuple s'affranchissant des préjugés ayant cours et, surtout, de sa crédulité, reléguant aux accessoires l'influence néfaste de bon nombre des dirigeants, alors que ces Bateleurs si magnifiques, ces accapareurs de gloire malsaine, détrônés, vus de près, tomberont bien bas dans l'ornière des maudits, et au mépris du juste, dans les choses viles et informes. D'ailleurs, comme nous tous, destinés à être la proie des vers, — ce qu'ils oublient, — et, beaucoup plus que le commun des mortels, esclaves de passions inavouables, étrangers à la loi affective qui gouverne le genre humain, laquelle, pourvoyant à ses développements, transmet aux générations nouvelles les théorèmes, les synthèses, les préceptes moraux, l'étincelle de vérité, la voix vibrante, la vie, le mouvement ; ah ! des parasites obstructeurs ne valent que ce que vaut l'accident ; c'est-à-dire un bruit de scandale, un titre de réprobation. Preuve vivante : euxmêmes, derrière leur rideau paradisiaque, las d'antropophagie et de despotisme, soûlés, avachis, blasés, se montrent-ils à nous se débattant sous l'étreinte du remords? Non! non! ils sont bien trop laids pour cela. Ah! ces monstres d'exécrable mémoire, ils passent du Capitole à la Roche Tarpéienne, de l'apothéose à l'isolement du sépulcre, plus hideux, plus rongés d'ambition qu'on ne le peut concevoir ; pour eux, ni repos ni sommeil : une insatiable envie les tenaille!

« Or, pour ne les mesurer qu'à un type d'une grandeur quelconque, type d'archi-millionnaire, à Thiers, par exemple : ce sont d'infects et d'odieux misérables!

« Comment voudrait-on qu'ils aient de la bonté de reste, lorsque de leur opulence, aucune idée de néant n'abaisse leur orgueil. Balayonsles à leur luxure, à leur goinfrerie, à leur égoïsme : qu'ils s'y renferment et qu'ils en crèvent! »

Quant à nous, qui vivons d'un Rayon de soleil, d'une Récolte offerte à tous, bien maigre peut-être, bien aventurée, mais telle quelle, respectée de nos convictions; nous, oubliés dehors sur le carreau des évènements, sur la piste d'un socialisme peu réconfortant, côtoyons, sans nous y arrêter davantage, ces parcs, ces étangs, descendons les rampes de ces riches enclos. L'Avarice, une vieille mégère s'il en fut jamais, en ferma les grilles de fonte, les croisillons des lucarnes et des judas. Soit! le Haut Baron de la finance, un ladre, fait tort au grand seigneur d'autrefois. Constatation faite, les puissants voleurs d'aujourd'hui sentent le sol trembler; ils ont peur dans la perpétration de leurs crimes. Ce qui n'empêche que les petits ne soient encore dévorés. Tel est le châtiment de ces derniers. Car ceux-là qui souffrent le crime sont au moins coupables de lâcheté.

De stations en stations, de gradins en gradins, malgré l'obscurité envahissante, nos bonnes bêtes nous conduisaient sur les flancs d'une armée aux écoutes, évitant les princes, les ducs, les maréchaux et toute la séquelle des pièges à la Kaula, jusqu'où les pentes adoucies ont des villes et des bourgs à rançonner et des troupeaux humains à exploiter. Oh! ces dirigeants — Tsars, Lords, Khédives ou GrandsTurcs, — comme ils s'acharnent sur le pauvre monde! comme ils le dépècent! Ils valent à eux seuls les dix plaies d'Égypte.

Famine! Famine! nous touchons à des plaines ravagées, à de sombres vallées, à des puits, à des galeries souterraines, où des populations entières vont s'ensevelissant dans une ignorance séculaire. Malheur! pas un mot généreux de solidarité n'est compris universellement : toutes ces foules vont criant : Misère! Misère! elles n'ont plus de langage humain, l'animalité procède par des hurlements. Oui, des jargons de haute et basse *gomme,* comme on dirait de la *pègre,* se différencient selon telle ou telle latitude dite civilisée : on n'entend plus qu'obscénités, mêlées de tudesque, que blasphèmes, incitations à la débauche, propos de brasserie, de confessionnal et de maisons borgnes. C'est une danse macabre répondant à des cris d'angoisse. Ne dirait-on pas qu'un immense *Waping londonnien,* tel qu'un mirage immonde, semble se répéter de la Tamise aux bords de la Méditerranée.

Voilà donc ce qu'ils ont fait de peuples initiateurs, des fils de Voltaire, de Guillaume Tell, de Schiller, des fils de John Bull, des héritiers de Washington, ces sombres puissances de l'intérêt quand même, ces Shylocks, fanatiques du *coffre-fort,* de l'autel et de l'obscurantisme! Voilà, à ne considérer que notre dernière étape, ces Illustres et Premiers ministres d'Europe, une Bible dans une main, un rateau de croupier dans l'autre, faisant invasion chez un Peuple laborieux en pleine évolution, quoique encore sous le joug des mosquées, pour lui voler ses moissons, son droit à la vie, et sa croyance nouvelle de justice et de fraternité! — Jeu de Forbans, va-t-on dire. — Hélas! ce n'est que trop vrai. Que ferait de plus la Tourbe des écumeurs de mer ou des vulgaires pick-pockets?

N'ont-ils pas pas assez de nations à la chaîne? de peuples à saigner? de millions d'hommes à livrer au feu grisou des mines? d'Indiens à bâtonner? d'Irlandais à pendre? qu'ils convoitent ostensiblement de par leur artillerie, de par les trahisons, la terre des Pharaons pour y traîner leurs guêtres et leur spleen, et pour l'assouvissement d'une cupidité sans bornes!

Mylords, grands seigneurs féodaux, détenteurs titrés du sol britannique, comme violateurs de la loi de nature, vous souffrez d'une pléthore de bœuf et de graisse charbonneuse, tandis que vos serfs d'Outre-Manche se meurent d'anémie. Songez-y bien... songez-y donc enfin : l'égoïsme ne saurait vous guérir. Vous et vos pareils, les sinistres incendiaires de cités, honnis dans le passé, désormais exécrés dans le présent, vous serez dans l'avenir mis au carcan de l'Histoire... Votre Race éteinte et vos noms couverts de boue seront à tout jamais maudits... Maudits!

III

NOTIONS DE GÉOMÉTRIE RÉVOLUTIONNAIRE

> Voulais-tu donc laisser au démon de ce monde
> Quelque chose d'impur, faire crier la sonde,
> Descendre encor, fouiller l'être humain plus avant
> Pour épurer une âme à ce feu décevant
> Que font nos passions?
> *Révolte dans une Mansarde.*
>   ADOLPHE G.

Nous marchons vers la science depuis la hache de silex, l'arbre creusé en pirogue, l'arc, le fer de lance, le fer de charrue, depuis la hutte protectrice, la rame, le filet, la voile; depuis Koung-Tseu, Gotama, Thalès, Pythagore, Archimède; depuis Hannon, Marco-Paulo, Vasco de Gama, La Pérouse; depuis l'Imprimerie, depuis Torricelli, Volta, Salomon de Caus; depuis André Vésale; depuis Bacon, Condillac, Pascal, Leibnitz, Kant, Schelling, Rousseau, Fourrier, Robert Owen; depuis Képler, Galilée, Newton, Monge, Laplace: depuis Geoffroy Saint-Hilaire; depuis Broca, etc., etc., nous marchons terriblement, nul doute à cet égard. Mais hélas! la science a deux expansions, deux aspects bien accentués; l'un, hideux et foudroyant, est fait de lambeaux humains; l'autre, l'éducateur, le souriant, veut instruire, charmer, nourrir, sauver le monde. Mille bannières en lutte circulent autour d'Elle comme dans une mêlée : quelle sera la nôtre? — Quoi! combattre...? toujours combattre? point de paix! de répit! Quoi! plus un sentiment de poésie veillant sur nous n'interviendra? « Ah! — croyons-nous entendre, — maintenant que, sortis des ténèbres et de la confusion, chacun peut exiger de vous une explication rigoureuse non seulement de la situation actuelle, mais encore des faits antérieurs qui l'ont produite, quelle sera votre arme de combat? »

Telle est l'objection à laquelle il nous plait d'opposer le tableau navrant de nos misères et de demander à la science les voies et moyens d'en triompher. Certes, en voyageur conscient que nous sommes, un rayon lumineux vivant en nous, nous n'irons point nous enfermer dans un *modus vivendi* comme des échappés de collège forts en thèmes et en diplomatie ont pu le faire à des époques obscures de guet-apens; encore moins suivrons-nous les roués de la ligne courbe qui signèrent au Congrès de Paris (1856), au traité de San Stéphano (1877), au Congrès de Berlin (1878)... Nous en passons. Plénipotentiaires myopes et serviles, qu'on se le dise.

Point de sous-entendu. Tous ces intrigants de sagesse infuse ignorent absolument les aspirations des sociétés modernes; ils ne savent rien de la famille Prolétarienne, rien du Citoyen, rien de l'esprit Égalitaire, rien de l'homme nouveau. Parlez-leur des souverains qui les décorent, à la bonne heure ! Parlez-leur de l'*Homme Malade du Bosphore :* — consultations dont ils vivent ! — Voyez-les, gravement enfermés dans un cercle vicieux, dans un dédale d'obscurités, se gardant bien d'en sortir, et vous les aurez complets dans leur *decorum.* Il leur faut l'échiquier des champs de bataille, le tumulte des intérêts et des passions, la diversité des croyances. Puisque le *Malade* dont il est parlé, ou plus correctement, puisque la Sublime-Porte pour se complaire dans le *statu quo,* n'en est que plus délabrée, nous avons mieux à faire que de construire une carte fantaisiste ornée de drapeaux flottants dont la mitraille aura raison un jour. Notre œuvre à nous, c'est un appel à la Révolution.

Entendons-nous sur ce point. Rien de plus facile si l'on veut nous suivre — C'est le Docteur Terrible qui parle, — Voici comment : « Étant donné, par plusieurs siècles de démonstration, d'abord, que l'inertie absolue n'existe ni dans les idées, ni dans les obstacles conventionnels ni dans la matière (*b*), de plus, que, dans la combinaison des forces, les corps célestes suivent des tracés qui ne sont autres que des résultantes entre l'attraction et la répulsion, et ensuite, que le Progrès lui-même a sa loi qui le pousse invariablement vers ses futurs contingents ; d'où il suit comme corollaire, ce qui est avéré, que sa marche ascensionnelle, relativement à la somme des révolutions plus forte que celle des réactions, s'accroît sans cesse et l'emporte de beaucoup ; en outre, étant donné que des résultats certains, appréciables, soit de dix à vingt générations, soit plus, jalonnent les temps parcourus, déterminent un but culminant vers une inconnue aussi vaste que la pensée, malgré les abîmes de l'espace, malgré les éclipses, les nuits, les rétrogradations, toutes vérités incontestables et incontestées ; ce qui nous permet de conclure par déduction, en suivant la voie spéculative, que nous n'avons plus qu'à nous arrêter à la science qui doit nous armer, nous conduire, et, à travers les phases du temps, aux diverses stations, nous charmer tous ensemble par une agape commune. C'est-à-dire nous fortifier pour une évolution nouvelle, lorsque, d'après la parabole projetée par l'*Éternel Devenir,* nous aurons conçu une idée générale transcendante, accessible à tous les mortels, identique à nous-mêmes, rayonnante : source intarissable de toute intelligence.

Cette science, — la Sociologie, — éminemment humaine, illimitée, *processus* d'autres sciences, ne peut être abordée les armes à la main, comme elle le fut sous les deux Sièges. Ce n'est pas au milieu d'une

époque sanglante qu'elle peut s'élaborer ni s'établir. De telles catastrophes signalent l'intensité du *Mal de misère* dont souffre une
société; elles rendent les revendications possibles, mais ne résolvent
rien; rien! sinon plus de haine, plus d'obscurité et moins de justice.
La formule de   si compliquée de l'intérieur à l'extérieur, si redoutable aux spoliateurs de toutes les nations, ne pouvait triompher par
la discussion; aussi fut-elle englobée par l'intrigue qui seule y trouva
son compte. Et l'on eut pour solution, après des massacres et un
terrorisme à outrance, un gâchis gouvernemental qui dure encore.
Néanmoins, à des efforts infructueux s'imposent d'autres efforts : le
progrès le veut ainsi; il veut, par un souffle de révolte, rendre
l'homme émancipé à son milieu civilisateur. Ah! cela est nécessaire
plus que jamais en tant que relèvement de notre nationalité. C'est
exact, bien que controversé; c'est logique et décisif; et la Géométrie
n'admettant que des vérités démontrées, ne l'est pas plus. Or, pour
le citoyen studieux, les preuves historiques abondent. Mais hélas !
rien qu'à la seule qualification de citoyen, combien parmi nous s'effa-
rouchent! Quand les noms de Villageois, de Campagnards, de
Citoyens, ont même cachet d'honorabilité. Qui parle de notre Histoire?
Elle a été trop souvent falsifiée par des ignorants, par des ambitieux,
et beaucoup d'esprits louches se complaisent encore à diviser la
Nation, à tenir les Villes et les Campagnes en état d'hostilités. Que le
mot de citoyen soit antipathique à *Monsieur le Duc*, cela peut s'expli-
quer, mais au paysan décorant son village du titre de bourg, et passant du Bourg à la Ville, cela n'est plus de nos jours. Aussi cher-
chons-nous d'autres éléments de persuasion sur les voies de justice
et de réparation.

Certes, nous pourrions ici, nous aidant des Mathématiques, obte-
nir des quotients d'impôts désastreux, des arrêts de liquidation, des
reprises de biens de *main-morte*, puis tirer une perpendiculaire comme
on tire un coup de feu entre deux parallèles trop prolongées (c), entre
deux progressions opposées, entre l'échelle des salaires *a minima* et
l'exploitation, compris ses coefficients de : plus l'action usuraire —
une vilenie, — plus la rapine, plus le vol et autres numérateurs du
crime *a maxima*; nous pourrions construire les quatre murs de la
pauvre famille, les mettre en regard des vastes horizons d'un Turca-
ret quelconque supputant des triangles injustifiables, des trapèzes
scandaleux, des quadrilatères infamants, lesquels, multipliés à perte
de vue en terres arables, vignobles, bois, lacs. chasses, enclos et
terrains vagues, — car un tel monstre existe et il n'est pas le seul, —
lesquels, affirmons-nous, donneraient, en équivalence, des dilapida-

tions et des spéculations criminelles légalisées par la prescription. Ce qui nous conduirait loin, très loin, assurément. Aussi, passons-nous; car, entrer ici de plein pied dans l'étude qui nous préoccupe n'est pas notre objectif; il y a un travail préparatoire tout indiqué : la logique inflexible que contiennent les événements, nos défaites successives, nos erreurs, nos passions déréglées ont un sens prépondérant à fixer pour délibérer sûrement à la veille des conflagrations. Nommez ce labeur : œuvre de critique, de pathologie, ou œuvre supérieure à la perversité des mœurs et des temps connus, peu importe! C'est un juste retour sur nous-mêmes. Que veut-on? que réclame-t-on? La perfectibilité immanente, durable, en toute chose, en tout mobile de l'évolution sociale; nul ne le contredit. Donc, c'est l'intérêt de tous, c'est le nœud gordien du problème! Eh bien! comment vouloir le plus sans avoir le moins? comment donner une formule si elle n'est en nous? En un mot, comment chaque mortel qui pense et agit dans la sphère de sa liberté prétendrait-il réformer une nation sous la férule de sa parole, s'il ne s'adjuge les premiers coups? *Nosce te ipsum.*

Nous touchons au sommet des difficultés, et déjà, d'autres sommets sans nombre, superposés, semblent défier notre attitude. — Poursuivons! Tâche ingrate, rocher de sysiphe qui barre notre route, acte de conscience et d'utilité, effort suprême, nous voici, poitrine nue. Or, en cet exposé, il faut bien s'attendre à quelques duretés de langage. Le chimiste qui mesure les milliards de microzoaires contenus dans un centimètre cube, ne se rengorge pas devant sa stature atomique; le chirurgien absorbé par un accouchement césarien, ne met point de gants pour exercer sa noble fonction, disons-le une fois de plus : l'ausculteur, lorsqu'il expérimente sur des sujets de faible complexion dans un centre à observer, ayant posé des chiffres en vue d'une statistique médicale, n'a pas de paroles élogieuses superflues, il n'élève point de statues. Nous ferons de même. Nous qui pratiquons une autopsie sociale, ayant devant les yeux 33,000 cadavres, c'est animé d'un esprit sévère que nous ensevelissons nos morts. Certes, l'auscultation des diverses couches humaines assises sur notre sol donne à réfléchir; un monde économique nouveau s'est levé avec sa furie : banques, salons et lupanars en tête; à sa base, des foules de réprouvés, d'exclus, de la chair à dividende, endoctrinée et livrée après épuisement aux léproseries, aux dépôts de mendicité, pour la plus grande gloire des Chagots et de la Finance. Est-ce cela de la Renaissance?... O mœurs! ô loi! permettrez-vous longtemps de pareilles horreurs? Ce cri d'alarme est significatif... Hélas! des éléments de débauche et de perdition ne pourront jamais constituer une société florissante, pas plus qu'un individu malsain et rachitique ne peut procréer des citoyens robustes. C'est prouvé. Et pourtant, la loi de décadence poursuit sa marche. Où s'arrêtera-t-elle ? Où trouver le génie d'un peuple avec la génération d'avortons et de grippe-sou que nous a légué l'empire ? avec des centres d'exploitation qui sont des bagnes pleins de créatures innocentes, engendrées dans les ténèbres de la misère ? Cherchez bien... Ah ! vous découvrez des hommes de bonne volonté, de braves cœurs, de-ci de-là, de grands caractères. Qui le nie ? Nous saluons en leurs personnes les martyrs de l'Idée Égalitaire. Ceux-là ne désarmeront pas ! — Mais après ? Après avoir fouillé les masses et les sommités turbulentes travaillées par dix siècles de monarchie ; après les guerres religieuses, après le triomphe de la Bêtise humaine, après avoir passé en revue les Faux Bonshommes confits dans leur crasse, jaugé la suffisance des *magots* s'asseyant aux fauteuils d'une Questure, que trouve-t-on ? sinon le génie du mal. C'est-à-dire le mensonge, l'astuce, la duperie, le vol organisé, la voracité du fauve, le crime à tous ses degrés. Quoi d'étonnant à cela ? Tel arbre empoisonné ne peut donner que des fruits mortels. Aussi le Docteur Terrible vient-il à brandir sa hache, à prévoir qu'il y aura table rase dans un temps de plus en plus certain.

Nous n'avons pas la prétention d'extraire de la Géométrie tous les éléments révolutionnaires qu'elle comporte, ni de créer une sphère d'activité nouvelle; les deux parallèles nous ont déjà menés bien loin. Abaisser d'autres perpendiculaires, inscrire en des parallélogrammes, des triangles générateurs d'hypothénuse, rappeler, en d'autres termes, pour des fins non prévues, l'égalité de rapports prouvée par Pythagore, nous serait facile; les conséquences, éclatantes de vérité, le seraient aussi. Il nous suffira d'en indiquer une. Connaissant l'axiôme qui précède, admettant, par hypothèse, l'application de la Géométrie à la science sociale, nous disons : le grand carré A (*terres cultivées*), égalera B (*production représentée par le moyen carré de la base du rectangle*), plus C (*petit carré ne devant contenir qu'un nombre X de travailleurs*). De toute évidence, il appert que tout ce qui n'est pas contenu dans le petit et le moyen carrés ne peut être exprimé par le grand carré, puisque celui-ci est la justification des deux autres. Or, s'il nous faut déterminer le nombre des ayants droit et le quotient afférent à chacun d'eux, n'est-il pas de toute équité d'écarter la fraude, le nombre improductif, étranger à l'opération. c'est-à-dire : les oisifs, les assimilés aux rongeurs, comme on défend sa récolte, comme on redresse une erreur de chiffres ambitieux. Dès que l'égalité n'existe plus, les parasites engendrent le paupérisme.

En effet, ô plaie effroyable, il est dit au dépossédé : « Tu es l'inférieur, je suis le Maître. Prolétaire, tu es le serf moderne; je suis le Capital. Malheureux, tu es mon obligé; je suis le Tyran. » Et la guerre prédomine et, avec elle, tous les maux qu'elle engendre. Conclusion : deux instructions, deux classes ennemies : effusion de sang, désastre... Deux voies encombrées, l'une de morts, l'autre de wagons emmilliardés |pour Berlin : Haine... Une Société bâtarde s'épuisant moralement, un détournement saugrenu des richesses naturelles, numérateurs fictifs, faux calculs : Ruine... D'où le dépérissement de l'espèce.

Géomètres, vous qui, avec Clairaut (1713-1765), avez divisé le Globe en longitudes et en latitudes, continuez l'œuvre de délimitation et de répartition. Révélez-vous à l'Univers étonné ! Dites : puisque la Terre est censée nourrir ses habitants, à chaque famille correspond, ou est attribué mentalement, un champ, une culture, une somme de produits échangeables et de consommation, nécessaire à la vitalité de cette famille; alors il y a égalité, contrat social, justice distributive. Et lorsque, au contraire, il arrive que, oisifs, ambitieux, accapareurs, ou voleurs, — c'est tout un, — détruisent cet équilibre naturel du producteur et de la production comme but et moyen du droit à la vie de chacun de nous, il y a perturbation, misère, famine, et, finalement, emploi de la ruse et de la force — brigandage — pour déposséder et ruiner des groupes de travailleurs d'autant plus intéressants qu'ils sont plus exposés à déchoir. Donc, il appartient à la Révolution de relever les uns et d'abaisser les autres. La Révolution, — retenez bien ceci : — c'est la science rigoureuse, mais humaine; c'est la vérité sortant de son puits de mineurs, dispersant les ténèbres, les nuées de sauterelles, les impurs, les fourbes, les ogres et les Clergés... Oui, les Clergés ! ce sont les plus grands fléaux, car ils stérilisent les champs de blé du pauvre et empoisonnent toutes les intelligences.

Point n'est besoin de conclure par formules algébriques prouvant le rapport constant et progressif de A à B, et cet autre de C à D $+$ X. Le carré de l'hypoténuse en est la démonstration : il ne peut contenir que des nombres proportionnels légitimés par l'équation. Donc, en d'autres termes, nous ajouterons formellement : l'homme a droit à la terre comme moyen de développement, comme but de conservation, et, troisième loi, comme principe de reproduction. D'où ce théorème social : le travail est la base de ses devoirs; la liberté, son essor vers le bonheur; la justice, la limite de ses droits. Conséquence ; tout être qui transgresse ces lois primordiales fait acte de tyrannie, tout tyran mérite la malédiction des Peuples !

FIN DE LA PREMIÈRE PARTIE

61 Paris. — Imp. E. Deschandchamps, 45, avenue d'Orléans.

DEUXIÈME PARTIE

IV

EXPLOSION DE PICRATE DANS LE CHAOS DES IDÉES [1].

> Viens, Ombre de Malartre, Il est temps d'en finir.
> C'est assez de combats ! de succès ! L'avenir
> Ne peut te refuser d'azurer tes prunelles.
> Contemple ! Lis ! Frémis !... Vacances éternelles.
>
> *Les Funérailles de l'Assemblée de Combat.*
>
> ADOLPHE G.

A peine le Docteur Terrible acheva-t-il sa dernière ordonnance sur le *Mal de Misère*, réputé jusqu'ici maladie endémique inguérissable, qu'il se fit un bruit bien capable d'effrayer les vieilles aristocraties, les pâles miladys, et les sottes dévotes du continent Européen; et pourtant, ce n'était qu'un prélude. Des voix formidables semblaient sortir de dessous terre; d'autres voix, dites surhumaines, déchiraient les airs : les gorges des montagnes hurlaient, les rochers s'ébranlaient. Qu'on se figure des cris de damnés, des races épuisées à l'agonie, des éléments de cyclones s'annonçant par des éruptions volcaniques, et l'on n'aura qu'un faible aperçu de ce qui minait le monde dans la période décennale qui s'achève.

Après un étrange voyage fait à travers des méridiens indéterminés, sous des latitudes diverses, dont la topographie nous eut embarrassés de ses fleurs de rhétorique et de ses longueurs de romans,

(1) Picrate de potasse. Sa force explosive pour la mine est six fois la poudre à canon.

après avoir, d'un coup d'œil, plané sur le monde entier, sur les peuples désorientés, fatigués, décimés, tant au nord qu'au midi, après avoir considéré en masse tant de mortels plongés dans la nuit, depuis des siècles et des siècles, vu sous un monarque pansu, joufflu, revêche, notamment en 1832, les porteurs d'œillets rouges assommés comme de méchants chiens, vu, à la suite, s'épanouir aux prébendes d'un Empire et de trois présidences, les mêmes œillets devenus panachés par greffes jésuitiques, dont la monstruosité n'a pas besoin d'être démontrée, ô merveille de la floriculture! Après avoir arraché à la rage, à la honte, tant d'idées fausses, tant de petits intérêts, combattu tant d'aberrations dans les esprits, il n'en est que plus curieux de savoir où nous en sommes, quelle Babylone nous a ouvert ses portes, et quelle tour de Babel s'y construit.

Vive Paris! Paris martyr... O ville indescriptible, tu subjugues tes envahisseurs! Chacun y vient avec sa jalousie, avec sa haine, avec sa stupidité, comme Guillaume bardé de fer, escorté de Krupps et d'avides soldats! comme les gâcheurs de principes, dépourvus de logique et de conviction y viennent avec leur truelle et leur charabia; comme les Cunéo avec leurs aboiements de chiens; comme les Tartufes : Jules Simon en tête, Chesnelong, Freppel, avec leur éloquence d'importation ultramontaine s'y sont abattus. De tous ces étrangers, de tous ces adversaires, des sourds, incapables de saisir ton génie, des aveugles ne te voyant qu'au travers de la fumée de leurs pipes ou de l'encens de leur ambition, c'est encore le russe et le japonais qui t'admirent le plus. C'est qu'aussi Paris n'est pas tout entier à la pierre bâtie, aux Cerbères du capital, à l'agiotage; il étudie l'évolution des peuples, les généralisations; il explore les abstractions; il expérimente sur le vif: il lutte jusqu'à l'impossible; il combat le bon combat pour l'idée pure et ne se rend pas. Ah! vous l'injuriez de votre jactance, Vieilles épaves d'antan! Sachez donc comment il se révèle à l'entendement universel; comment il oppose à la spéculation sordide, sa merveilleuse expansion d'indépendance, et vous le verrez revendiquer envers et contre tous, contre ceux-là qui l'oppriment de leur bêtise ou de leur cruauté, un droit sacré, le *droit d'asile* qu'il éleva à la hauteur d'un principe. Il pense avec les grands Esprits, n'importe d'où qu'ils viennent : Confucius, Thalès, Socrate, Cicéron, Sénèque, Averrhoès, Leibnitz, Newton, Bacon, Kant, Hégel, Fueurbach, etc., de telle sorte que ceux-ci semblent être des contemporains, tant sa familiarité est pleine d'égards et de reconnaissance! Sachez expressément de quelle allure il se passionne pour les persécutés contre les persécuteurs, lorsqu'il dit à ses amis les socialistes de l'aristocratique

Angleterre : VIVE ARABI! Or, de l'aveu de tous, Londres a plus d'étendue; New-York, plus de fièvre industrielle; Vienne, plus de résignation; Berlin, plus de soldats; Rome a plus d'antiquités, plus de souvenirs, plus d'éclat; ce qui n'empêche, à voir toutes ces grandes agglomérations d'hommes, que Paris ne soit par excellence un vaste centre intelligent. En effet, il rayonne éloquemment de toutes parts, tout converge vers lui, tout s'y heurte, s'y discute, s'y analyse, s'y amalgame, tout s'y revêt d'une forme définitive assimilable et compréhensible.

Chauvin! Non! il ne l'est plus. — Ingrat? — Non plus! sa Révolution lui est chère. Quelle réhabilitation manqua-t-il d'approuver? Répondez, Marat, Barbès, Blanqui, victimes du Coup d'État, vaincus de 1871! Quand son hospitalité fut-elle en défaut? Est-ce que Schiller et Shakespeare n'y ont pas à toujours leur droit de cité? Malgré nos malheurs, Kosciusko demeure notre hôte ; Garibaldi, notre grand citoyen ; et, plus surprenant encore, Véra Zasoulicth (1), sauvée du gibet, le doit bien certainement à la Ville qui soutient le plus un aussi vif enthousiasme vers la Liberté. Il n'est pas jusqu'au Japonais, ce nouveau venu, dont il n'apprécie l'angle facial et le sabre de pur acier.

Ainsi, c'est bien établi, voilà qui est clair. Cessez vos croassements, Messieurs du *marais* : Ravinel, Lorgeril, Gavardie, dormez! Laroche-Joubert, frais éclos, pendez-vous!... Paris, cette fournaise des idées en ébullition, s'ouvre comme une vaste hôtellerie, où des familles, des tribus, des croisements de peuples nombreux viennent s'abriter. Ceux des deux pôles s'y heurtent à de moins farouches ; ceux de l'Équateur s'y tempèrent à de plus réfléchis, et tous y viennent puiser une vie intellectuelle où l'oxygène abonde. Quant au vrai Parisien, s'il ne s'expatrie, la Vieille société s'en charge. En route, les Du Chaillu! les Lambert! les Reclus! N'auriez-vous vécu que de nos aspirations, Allez!... Allez où le destin vous mène : l'Afrique, le pôle Nord, les tranchées du siège, l'exil au pays des brouillards, les glaciers, les sables, les plages ignorées; allez! Enfants qui devancez votre siècle, publiez! chantez! combattez! mourez! Vive Paris!...

Nous, dissimuler le revers de la médaille? que non pas! — Quelqu'un se venge sur la foule et s'inscrit contre nous : Celui-là, venu de loin peut-être, l'enrichi, le puissant. Prend-il goût à nous dépouiller? à nous accabler de sa veine et de son arrogance? C'est la victoire du capital. Plus d'un infortuné, parmi nous, soit dévouement à une idée

(1) On écrit aussi Sassoulic : la cédille au-dessus du c lui donne en russe, étant précédé d'un i, le son de *icth*.

fixe, soit besoin d'activité, ne pouvant vivre au milieu des flegmatiques qui, la plupart du temps, l'attendent ailleurs, se sent-il pris de nostalgie? Oh! alors, Dithyrambe du Retour, vous n'avez point d'égal... Rêves! ô phosphorescence de l'encéphale, dissipez-vous! Voyons froidement la situation de ce prodigue. Cherche-t-il un toit, un ami, une famille, qu'est-ce? Vagabond. Mais où fut ton berceau? Monsieur Vautour fait fortune : un Américain, un Anglais, un Allemand... Quoi! tu n'as pas opéré la traite des Blancs? Arrière! C'est toi qui es l'importun, c'est toi qui es l'étranger. Tes murs se sont agrandis pour des hôtels, pour des palais; ils hébergent des reines en mésaventure, des royautés cul-de-jatte, des prétendants pourris d'or, des flibustiers et des grecs, ceux-ci criblés de croix et de dettes. On construit pour les gens de la Haute et non pour les fils de *Quatre-vingt-treize*... Et la guerre recommence plus âpre que jamais.

Ah! ah! la bonne aubaine! voilà qu'il a dans sa besace de la corde de pendu; peut-être est-ce celle de Foulon, l'affameur; et voilà que pour vivre, curieux de savoir qui le vengera des voleurs de pendules, des avides, des pieuvres, des mollusques, voilà qu'il devient philosophe.

— Docteur, vous plairait-il l'inviter à venir en notre compagnie, puis, nous diriger vers quelque MEETING? Il est temps d'aviser. Depuis que nous sommes arrivés, nos montures logent à l'étroit, le fourrage coûte gros, notre pitance, de plus en plus maigre, s'affadit; il s'en suivra que si vous ne faites quelque bonne ordonnance, accompagnée d'une recette respectable, nous serons trois à philosopher. — Compagnon, qu'il soit fait comme il est dit : Hélons ce Parisien; et, s'il ne vient à nous, marchons vers lui. Puisse ce nombre *Trois*, chiffre fatidique, comme on sait, ne point fomenter la guerre entre nous. Dire : nous serons une *unité* nouvelle, une racine carrée de *neuf*, suffit en arithmétique; mais ici, en tant que trio harmonieux, nous sommes réellement *Trois unités* d'une valeur spécifique distincte, particulière, soumises pour chacun de nous à une action passionnelle variable, quelle sera notre entente? Est-elle au moins possible? N'avons-nous pas à craindre qu'une *unité* supérieure venant nous absorber, nous réduisant à zéro, ne s'intitule le *nombre par excellence?* Quand d'après ce système les millions engendrent les milliards; quand nous pouvons être réduits à l'état fractionnaire le plus infime et disparaître comme personnalités. Le nombre ainsi considéré n'est point rassurant; une autorité quelconque gravit un sommet inaccessible? ou, d'un autre côté, nous nous perdons dans l'impuissance des infiniment petits. Où trouver le type? le mode d'action de l'unité vraiment libre? la pluralité égalitaire?... Tout en discourant sur le

champ cultivé, sur la propriété mal acquise, sur le principe économique d'appropriation, sur la commune, le canton, le département, la
région, sur les races, les dialectes, l'ethnographie, les frontières, ayant
rejoint le Parisien désiré, celui-ci ne se fit pas prier pour ajouter son
grain de sel à la discussion.

— Le Parisien n'est pas le badaud qu'on suppose. Esprit vif, fron-
deur, facile, abordable, il cause volontiers. Écoutons-le.

— « Permettez, citoyens visiteurs, dit-il, permettez-moi d'ampli-
fier et de surenchérir. Réduisons d'abord ce nombre trois à sa plus
simple expression : que contient-il? 3 unités, 3 voix, 3 individus. En
tant que chiffres, je vous conteste leur existence, car l'une de ces
unités peut s'annihiler dans l'autre; preuve $1 \times$ par 1, égal 1, comme
voix, l'une d'elles peut être en puissance telle, qu'elle absorbe les deux
autres. On a vu plus fort : Bonaparte au Directoire a dévoré ses
co-Directeurs. Comme individus, c'est beaucoup plus compliqué ; et
nous pourrions discuter là-dessus fort longtemps, car, fréquemment,
nous parlons un langage différent. Néanmoins, pour vous être
agréable, disons qu'ayant à distinguer trois amis sous un même dra-
peau, nous allons les cocher d'une entaille à les faire crier. Qu'ob-
tiendrons-nous? Vous me répondez : « Chanson que tout cela! » —
Patience. Nous allons bien voir.

« Citoyen Docteur, tout Terrible que vous vous nommiez, je vous
accorde d'être un politique convaincu; à vous l'as! Quant à vous,
Compagnon qui gardez l'anonyme, par dévouement et non par humi-
lité, je vous octroie un sens moral très accentué et je vous note 2° unité.
Maintenant, si vous le voulez bien, acceptez-moi pour un esprit critique plus ou moins doué de sens commun, et nous aurons ce joli trio :
Primo, l'être variable et mystérieux, marchant en zig-zag, trébuchant
dans le sombre ; secundo, l'être se cherchant en ligne droite jusque
dans les nuages, suant ou grelottant, selon les couches aériennes de
l'espace ; enfin, tertio, l'être étrillant les autres et se congratulant
comme il convient à un chiffre supérieur, à une renommée, à un être
divin. Vous voyez que j'accepte le mauvais rôle en me plaçant au
sommet du triangle d'où je vous contemple. Nous voilà étiquetés : un
Politique, un Moraliste, un Critique. C'est compris : il y a figure, trois
côtés égaux, trois angles égaux; mais il y a aussi intervalles en
dehors des points de jonction, éloignement entre les signes mesu-
reurs, partant, nulle fusion, nulle cohésion. Je puis, il est vrai, du
point A où je trône, écartant deux côtés, les mettre perpendiculaire-
ment au 3° B, C, servant de base, et de ma valeur de 30° je puis me
fondre à droite et à gauche et disparaître. Oui, parfaitement. Donc,

me voici sacrifié. Comment alors puis-je vous admirer de la hauteur de vos 45°, si je n'existe plus ? Aurait-on recours, là-haut, dans le ciel, dans l'infini, à ce point figuratif qui, étant partout, ne se trouve nulle part, à cet impondérable, un non sens d'où l'on tire la pondération des pouvoirs, que l'écroulement n'en serait que plus manifeste. Or, voilà qu'une force quelconque s'affirme, celle de l'opinion, par exemple ; elle abaisse l'un de vous de A prime en B, ou de A seconde en C, en prolongement de B C, reste une Chambre au lieu de deux. Pardon ! je veux dire une ligne droite plus étendue, un angle droit, plus, une perpendiculaire magistrale, orgueilleuse, peut-être... une superfétation nécessaire... » — L'unité, c'est l'absolu, interrompt le Politique. L'unité, c'est la science, réplique le Moraliste. — « Pardon ! la science « c'est le nombre, c'est la diversité, c'est l'harmonie. Harmonie de « l'*être :* LIBERTÉ ! — Harmonie de la grande Famille : ÉGALITÉ ! TRA- « VAIL ! — Harmonie de l'Espèce : SOLIDARITÉ ! JUSTICE ! MORALITÉ ! »

— Le Docteur Terrible ne se laisse pas réfuter pour si peu. L'unité, c'est moi, mon Compagnon, et notre mission révolutionnaire. Plus un mot ! Belles théories, poudre d'or et d'aveuglement ne valent pas un sac de blé, pas un mètre cube d'air pur, pas un toit ensoleillé ! Nous sommes pressés : tout un monde à guérir, à régénérer ; des phalanges prolétariennes à nourrir, et cela, de suite. Le nombre a été un progrès en 1848 ; il a fait époque avec George Sand, avec Ledru-Rollin. Ceux-ci n'étant pas des magiciens, n'ont pu l'émanciper tout d'un coup : le nombre les a tués. Ah ! continue-t-il, que nous parlez-vous encore de nombre autrement que pour lui donner le phosphore, l'étincelle, la flamme de l'esprit et la nourriture du corps, exposé qu'il est à toutes les exploitations, à toutes les misères ! tantôt indifférent ou trahi, s'ignorant ; tantôt massacré par une poignée de monstres, par de grossiers intérêts coalisés ; alors même qu'à l'aide d'une infamie, tout l'or anglais jette une armée de mercenaires sur un peuple en voie d'affranchissement. Le Nombre parfait — Théologie à part, — c'est notre Trinité ! non point NOUS augmentés ou diminués de plusieurs degrés selon l'inégalité du triangle ; mais selon notre MOI et notre objectivité placés sur des Droites parallèles entre elles et se développant sans obstacle, d'après une Loi nécessaire de justice et de coordination. Voilà notre entente. — Ils marchaient ainsi de salle en salle, dissertant sur le Nombre porté à sa plus haute puissance, retranchant les zéros du mille, ceux du million et de tous les autres multiples lorsqu'ils les gênaient. — Voyez donc, ô Cacophonie ! ce n'est plus un MEETING qu'ils rencontrent, c'est dix, vingt, trente assemblées tumultueuses : *Légitimistes, Bonapartistes, Opportunistes,*

Communistes, Collectivistes, Anarchistes, Possibilistes, Rationnalistes,
Puffistes, Fumistes, Chloroformistes, etc..., et Nihilistes donc !...Ils n'y
tenaient plus, tant la gamme des ISTES va crescendo. Invités à gauche,
chassés à droite, bousculés, insultés, terrassés, meurtris, sortant plus
morts que vifs, quel n'est point leur ahurissement ? Tant d'exubé-
rance ! tant de fièvre ! tant de colères au vent... La digue de l'arbitraire rompue est mesurée par le fracas de l'inondation.

Voilà donc votre œuvre, Despotes ; vous avez amoncelé les orages
qui vous ont poursuivis ; désormais nous vivrons de tempêtes, d'ex-
plosions, de catastrophes. Voyez : comme il monte le Flot populaire...
Viendrait-il à se briser encore, qu'un jour ou l'autre vous n'en serez
pas moins submergés ; vous, votre autoritarisme doré, tout dégoû-
tant qu'il est avec sa bave, cuvant son orgie, livrant ses donzelles aux
transfuges, aux traîtres, aux vendus, aux goinfres de la Bande Infer-
nale... La vôtre ! Quant à nous, les Utopistes, nous qui cherchons
une issue, une fin à toutes ces hontes, à toutes ces infamies, l'anxiété
nous gagne : Quelle sera votre châtiment ? Vainement, dissimulés sous
des masques, réfugiés en des mômeries, croyez-vous échapper, les
autels de l'immoralité s'écrouleront sur vous ! Car il n'est plus de
miracle. Pie IX, l'insalubre, les a usés jusqu'à la corde, jusqu'à la
folie ; l'Immaculée Conception tombe en décrépitude.

Tandis que s'exprime ainsi l'état des consciences, quand l'opinion
publique s'accentue, voilà que, à l'instant même, jetés dehors dans la
stupéfaction, n'ayant pu sauver l'idée de justice de tant d'exaltation,
d'une guerre punique, concevable en pareille acuité, de milieux si
extrêmes, d'une foule houleuse vaguement déchaînée, nos trois amis
s'arrêtent court... Ce qu'ils ont ? Ils ont des bourdonnements dans la
tête, des effarements dans les yeux, des retentissements d'enclume
dans les oreilles, des piqûres de guêpes par tout le corps ; ils voient de
l'impasse où ils sont acculés, du pied d'un mur de fusillés, comme
toutes ces salles réunies, côte à côte, en une salle unique, dans un
chaos indescriptible ; pour eux, les cloisons de briques, les pilastres,
les cintres, les murs de refend sont tombés ; le gros œuvre ? imagi-
naire ! les distances ? nulles... Les tribunes se cherchent, les orateurs
se menacent ; les voix pleurent, saignent, expirent dans une mêlée
effroyable ; l'alarme est donnée... Trop tard ! toujours trop tard...
Vautours et insatiables Crésus ! Bandits du drap mortuaire qui spé-
culez sur nos morts, une Explosion de Picrate a eu lieu...Ah ! la Révolution n'a pas la rouerie des jongleurs ; elle ne compose pas, elle
n'attend point ! Elle éclate à son heure avec son cortège d'imprévus.
Or, voici qu'à une seconde explosion les piliers du SACRÉ-CŒUR volant

en l'air, de Montmartre aux Buttes-Chaumont, du mont Aventin de Ménilmontant et de Montrouge à Passy, le Pittoresque de la Seine s'harmonise aux ruines des Tuileries, tout cela nous vieillit d'un bien long espace de temps : Et c'est Paris nivelé! justicier! puis, Gai compagnon, sauvé des coupeurs de bourses de la maison Rothschild! C'est-à-dire tout Israël, tout satan, tout mercantilisme submergé par le flot vainqueur.

Oh! c'est d'un effet saisissant, magnifique, que ce spectacle en pleine révolte au milieu de cet écroulement! Les Gavardie et les Baragnon, expulsés du Corps social sont allés rejoindre les De Cumont; les Cassagnac et les De Mun, compris tous les ignorantins de première classe, pris en flagrant délit de bravade, gîsent en des postures de condamnés parmi les débris de croix dynamitées. Un long gémissement bruit par les espaces. Clameur immense, elle s'élève, emplit le monde; et voilà que les entrailles de notre Mère nourrice sont déchirées : des convulsions géologiques bouleversent la Terre. Une telle catastrophe fait surgir des Enfers que Dante Alighieri n'a pu entrevoir : là, des océans de feu; ici, une fournaise de bitume, de soufre et de calcaire, bout et jaillit; le vent s'engouffre et brûle, de sorte que, furieux, à chaque coup plongeant en rase campagne, des nuages de sauterelles de cœurs de Jésus se heurtent à des armées de papalins, à des confréries sans sexe avoué. C'est d'un imprévu, d'un renversement, d'un fatalisme, que tous les historiographes et tous les prophètes n'avaient osé prédire!

La Révolution en travail d'enfantement subit au sein de la Nature des crises de délivrance. Le Chaos — oui, c'est bien lui, — le Chaos ne laisse debout que des effarés, des mutilés, comme aussi d'intrépides invaincus; car, en quelques coins, en des chaumes préservés, par Groupe, de robustes esprits, les survivants des Inquisitions, des 93, des 71, se tendent des mains secourables. Il en sortira désormais un génie si puissant, si merveilleux, si surhumain, que notre cri est aussi bien un cri de joie qu'*un cri d'alarme !*

Curieux phénomène, voilà toute la gent Cléricale piochant son lopin de terre, comme les camarades. En un mot, Paris, cette puissante Ruche du travail, ce *Pandemonium* d'aujourd'hui, réconcilié avec lui-même, retrouvant son génie, vivra enfin de sa pensée ardente, de son labeur séculaire, de sa voix généreuse : voulant produire imperturbablement son œuvre d'affranchissement universel.

V

TEMPÊTE DE LUMIÈRE

> Ainsi pour retarder l'arrêt qui les appelle,
> J'embrase ces corps froids de flammes, MOI, REBELLE.
>
> *L'Agonie des Vieux Régimes.*
> ADOLPHE G.

> ...... Printemps, Clairon, Tocsin, déclin des jours,
> Nous accourons ensemble, ardents, sonnant toujours !
>
> *Une Grande et Mémorable Journée !*
> ADOLPHE G.

Une lutte inouïe, acharnée, sans merci, une lutte légendaire qui restera avec ses ruines pour surexciter les méditations des néo-géologues, lutte que les titans de la science n'ont pu conjurer, était bien faite pour dérouter tous les rêveurs de paix universelle. A chaque époque gigantesque, où, par des accroissements, par des suppressions aussi, les révolutions de notre globe ont travaillé, il s'est produit des accalmies trompeuses et des tempêtes; nul ne l'ignore. Tout voyageur traversant les Alpes, les Balkans, ou les Cordillères, ou l'Himalaya, est frappé d'une immense pensée. — *Pauvre petit hère dans une conception grandiose !* — alors qu'il se demande quelles forces inconnues la Nature a dû employer pour supperposer montagnes sur montagnes et tailler des pics merveilleusement inaccessibles. Aussi, à la vue de ces abîmes troublants qui l'attirent, à proximité de ces neiges éternelles qui se dérobent, au sein d'une paix profonde, âme de son âme dans cet isolement, se prend-il à fermer les yeux pour mieux voir ce qui se passe en lui. Ne s'appartiendrait-il plus?... Quels enthousiasmes, quels vertiges éprouve-t-il donc? Ah ! voilà que des tempêtes de lumière chassent à ses pieds de rouges aurores, flambent des champs illimités par des lointains qu'il ose à peine soupçonner, par des horizons qu'il n'atteindra jamais. Voilà que des aérolithes fulgurantes

se précipitent dans l'espace, tracent des sillons incandescents. Lève-
t-il ses prunelles dans le scintillement qui surplombe son regard?
contient-il son front entre ses mains? veut-il le préserver des bruits
roulants qui l'assiègent, des flammes qui le brûlent? Voilà encore que
la tempête des idées et des nombres se déroule, le possède et l'emporte dans sa course effrénée! Car, même ne bougeant pas, il est sous
l'action des gerbes de feu, des vagues lumineuses, incendiaires, qui,
rapides, se propagent au loin, labourent et dévorent les chaumes et les
palais qu'il n'a eu le temps d'oublier. Hélas! c'est ainsi qu'il paie sa
dette d'allaitement au monde d'où il émane et qu'il se prend de pitié
sur les misérables créatures dont il fait encore partie. Et voilà qu'il
en demeure épouvanté... Ah! fragilité de nous! Tel nous nous diri-
geons sur les traces du Docteur Terrible qui nous a devancé. Nous,
chancelant peut-être? mais invaincu, alors que ce docte Ami emplit
les espaces de sa voix, alors qu'il s'écrie résolûment :

« Descendez de vos demeures célestes, doux Regards du soleil,
chauds Rayons que ne sauraient atteindre ni les éruptions des volcans,
ni les clameurs des régions habitables, ni les convulsions des zones
zoologiques! descendez sur les flancs de ces glaciers, sur les roches
stratifiées, allez comme une Tempête de Lumière porter à ceux-là
qui se sont attardés dans les ténèbres, à ceux-là qui se sentent rivés
à des fortunes fabuleuses, à des accaparements scandaleux : — Moissons de l'avenir dérobées aux mille générations qui suivront. — Allez
porter les mollécules phosphorescentes dont ils sont privés,.. O puissante Lumière, devant contenir virtuellement le souffle de Gœthe,
dites, par vos rayonnements indestructibles, par votre force de cohésion, par votre incomparable capacité d'éclosion, dites bien aux grands
Flibustiers d'ici-bas que vous les abandonnez à leurs richesses em-
poisonnées, avec leurs perfidies, leurs mensonges, leurs fausses joies,
avec leur sécurité précaire, avec toute leur gloire : Trophées, bannières, châteaux, Louvre, Windsor, Quirinal, Alhambra; qu'ils y en-
fouissent leur monceaux d'or sous la honte des temps échus, si, à
tout jamais, ils sont incapables de jouir d'une émotion translucide. Car,
ce siècle, unité dans le temps, ce siècle ayant furieusement décliné, le
glas va sonner pour eux! dites-leur encore que le progrès dont ils ont
fait des armes cruelles, meurtrières, fratricides, ne peut s'aheurter
plus longtemps à l'abattoir des dévorants, prêts, d'ores et déjà à se
dévorer entre eux; mais que, par une action incessante, énergique,
imperturbable, Vous, splendeur venue de l'Infini comme d'une source
égalitaire, Vous, susceptible d'inoculer une âme à la matière, un vis-
cère humain à la brute, Vous enfin, Clarté immense de l'incommensu-

rable, dites-leur bien que vous êtes en puissance de mûrir le fruit des métamorphoses. »

Tout à coup, arrêtés à la limite des végétations, dans l'impossibilité de gravir un étage de plus, le Docteur voyant mon inquiétude, me dit avec sérénité : — « Nous sommes au-dessus des orages, au-dessus du choc des courants aériens, c'est pourquoi la tempête que nous venons d'essuyer ne ressemble en rien à celle des océans engloutissant nos vaisseaux et morcellant nos rivages. Tiens! plonge du regard dans cette immensité. Souviens-toi de l'ouragan capable de tout détruire, vaisseaux, arbres et maisons, où nous faillîmes périr, par une vitesse de 166 kilomètres à l'heure, et compare le calme qui nous enveloppe d'une lumière venant à nous avec la frénésie de 280,000 kilomètres à la seconde. Pour mieux te souvenir, recueilles-toi, écoute... Toutes les fureurs, même celles des cratères en feu, n'arrivent point jusqu'à nous. Et pourtant, nous participons tellement à la vie de notre Planète que, de près ou de loin, toutes les commotions qui l'agitent, nous les éprouvons. Ah! mon ami, comprends jusqu'où va ma croyance en l'éternel Devenir : Tout est matière, matière intelligente, il est vrai, dans sa mutabilité, et, si l'on veut, dans sa force universelle d'activité. En somme la graine cherchant le sol, l'altitude, la contrée où elle doit germer, prendre racine, se développer et redevenir éternellement, même en sa perfection, plante, arbre ou arbuste, selon les lois du transformisme, subit ainsi, ni plus ni moins que nous-mêmes, la perpétuité des choses et des êtres. Car, à l'état de litière et d'engrais, à l'état de pulvérisation, dans la mort, rien n'est perdu; une vie nouvelle s'alimente, s'assimile les produits désagrégés, puis s'élance vers d'autres créations. Nous touchons ici à un monde moral peu connu; tu le vois; néanmoins, tout se tient, tout s'engendre : matière, forces, principe vital, intellect. D'où ceci : l'Être, produit de la matière; la Pensée, émanation de l'être.

« Entendons-nous bien. Tout à l'heure, à ce point de vue où disparaissent supérieurs et inférieurs dans l'unité d'origine, et parlant des mortels avec véhémence, ce n'était ni pour nous soumettre à leurs chaînes, ni pour les écraser. Pauvres malades, disions-nous, ils vont épousant des fantômes, la folie des grandeurs bourdonne tellement en leurs crânes qu'ils n'ont plus d'action par eux-mêmes et qu'une inertie indifférente les attache au bruyant *mélolonthe* (1) se brûlant à la flamme du foyer. Ils n'ont crainte, osent-ils dire effrontément... Et ce-

(1) Vulgo : *Le hanneton.*

pendant, s'ils s'en sauvent, s'ils échappent, pas une heure de remords ne sera retranchée de leur misérable fin.

« O Lumière qui nous inonde — Ondulations et reflets —, inaltérable beauté de ces hautes stations, quel souci as-tu donc de ces gens et de leur peu de raison, que tu brûles une souche inhumaine qui les vieillit et que tu vas encore où se trouve un semblant de forte jeunesse, afin de la redresser vers toi? Un esprit nouveau serait-il né? Un peuple en formation cherche-t-il sa voie?... Mystère à déchiffrer... Éblouissement! »

Quant à nous, Pionniers de franche allure, sur les hauteurs où nous sommes, des perceptions morales, toutes rapides et fugitives qu'elles pussent être, ne nous ont pas moins accompagnés avec une telle persistance que m'étant rapproché du Docteur, il me dit encore, comme s'il sortait d'une longue délibération : « C'est bien ainsi que les HUMANITÉS ont marché vers leur fin. — Les Espèces, ainsi que les mondes, naissent et meurent — *Enfance, Virilité, Décrépitude,* telle est la loi de la Biologie, — chacune d'elles léguant son fumier à la Flore de la plus proche. Mystérieuse espèce!... En vérité, à voir les autels, les fétiches entourés comme ils le sont de gens extasiés, d'adorateurs prosternés dans les fanges, dans les hontes, dans les ignominies, il est permis de parler ainsi et de répéter aux peuples de 1882 : Mystérieuse Espèce!

Celle à laquelle nous appartenons procède du singe par atavisme, par analogie, par antériorité, n'en déplaise à feu Gratiolet. Cela s'explique : au cours des révolutions du globe, si destructives alors, *un être préadamique* a pu naître, s'engloutir, lui, les siens, son habitacle, et ne laisser aucune trace de son passage sur terre; donc, pas d'héritage direct. Ce qui revient à dire : Dans la série des transmissions un anneau de la chaîne s'est perdu, c'est pourquoi nous n'avons pas hérité des bipèdes robustes auxquels nous succédons. D'après certains pronostics, il faut bien croire qu'une nouvelle Tempête de Lumière survenant à propos, le champ nourricier, le jardin délicieux, le toit protecteur, dont jouissait l'être intermédiaire disparu, placé entre le singe et nous, seront retrouvés et rendus à nos enfants les travailleurs infatigables, dès que nos congénères auront bien senti tout ce que peut enfanter un amour énergique, une victoire sur eux-mêmes, un souffle de *Rénovation.*

FIN DE LA DEUXIÈME PARTIE

Paris. Imp. Dompré et Champris, 17, d'Orléans.

TROISIÈME PARTIE

VI

LA FIN DU MONDE ACTUEL

> . . . . Assez d'absurdité !
> Assez d'ignominie ! En votre insanité,
> Le comble est assez grand pour qu'un Olympe en meure.
> Raca ! Haro sur vous ! Écroulez-vous sur l'heure !
>
> *Aux Olympiens !* — Adolphe G.

Placé dans le temps sans fin qui se produit incessamment, *Le Présent* contient la seconde qui s'envole et l'éphémère Rumeur s'écoulant avec le flot, avec la fluidité de la sensation ; il recèle virtuellement le germe et la fleur, la paix et la guerre, la vie et la mort. Du sens énigmatique qui est en lui, naît l'impromptu, la spontanéité, le phénoménal ; autre chose encore : car nous lui demandons plus de secrets qu'il n'en veut révéler. Aussi les impatients l'éperonne-t-il ; les effrayés ne pouvant se l'approprier, lui lâchent la bride ; et, tandis que les étourdis en font un gaspillage vraiment bête, le Philosophe, lui, l'étreint de toutes ses pensées.

Depuis une longue période, d'une aurore sereine à la chute des étoiles, de jour en jour, de règne en règne, d'évolution en révolution, le Docteur terrible m'emporte dans son ombre, et, successivement, le Présent, dans sa variabilité, tenace, impérieux, si divers qu'il puisse être, me retrouve pénétré d'une inexprimable tristesse, au moment même où nos contemporains de haute et basse lignée ne cessent de se déchirer, d'inventer des Léviathans, d'enjamber les mers, d'abattre les montagnes, de creuser des puits si profonds que les populations qu'on y engloutit y disparaissent à tout jamais.

Oh! nul soleil ne les revoit, nul dirigeant ne s'en souvient... Et des Frères ennemis, des cruels, des rapaces rongés d'avarice, des Chagot *de Montceau-les-Mines* et d'ailleurs vont continuant leur guerre atroce.

Au milieu des tombes de nos amis, ceux de tous les siècles, ceux qui n'ont point trahi l'œuvre de Rénovation, tout plein de votre souvenir, Marétheux, Varlin, Malézieux, j'arrive au rendez-vous indiqué. Le tumulte des foules monte par soubresauts. La misère et la souffrance n'ont qu'une voix, mais déchirante, tempétueuse! Ah! lorsque ces bruits de partout décroissent, quand les uns rentrent dans leur for intérieur, quand les autres tombent de lassitude comme des bestiaux sur leur litière, dans ce moment psychologique si rempli d'investigations, le Docteur, levé dès l'aube, mesure le temps et l'espace; puis, délaissant les infiniments grands pour des réductions d'examen, il cube des crânes humains. Intrépide ce diable d'homme.

Hélas! ô mer sans rivage, ne voulant pas en démordre, il s'incarne en sa science; il étudie les végétaux, les minéraux; il les triture, les pèse, les volatilise, les liquéfie, les pulvérise en poudre insécable, fait des amalgames, des combinaisons d'après les dernières découvertes; traite de la philosophie hygiénique et de la morale socratique pour la seule ambition de produire un peu de bien, sans un grand espoir d'y parvenir. Car, ainsi que l'a écrit l'Hôte de Ferney dans son Livre, il pense ceci : « Le premier ambitieux a corrompu la terre. » Or, nous serions perplexe à ces mots : *ambition, ambitieux,* s'il n'ajoutait : « Qui que tu sois, mortel, tu ne seras jamais ni savant ni tolérant, si tu n'apprends à distinguer les deux sens d'une même expression, à peser le *pour* et le *contre,* le bien et le mal. » Depuis des siècles très lointains, l'on se dispute, l'on s'injurie, l'on se tue, fureur aveugle, sait-on toujours pourquoi? — O fétu de paille! nommé par d'autres : un brin, une pousse, un tuyau, une tige, un épi blond! jaune! doré! Chacun fait valoir sa raison dominante (*Ironie!*) et tire l'épée pour te posséder. Hélas! dans cette effervescence, guérira-t-on jamais tant de lèpres qui s'affichent? tant d'ambitions purulentes?

Merci, toi qui te souviens, mon fidèle Ami; tu viens dans une heure de désespérance... Comme d'un moment à l'autre nous avons vieilli... Écoute. Aujourd'hui j'ai vécu avec de vaillants Esprits; les meilleurs ont souffert, ou ont été méconnus ou dédaignés. Gutenberg m'a lu sa Première Épreuve toute maculée de sang; Galilée, aux tortures du corps et de l'esprit échappant, m'a confié pourquoi la terre a tardé si longtemps à tourner autour du soleil; Christophe Colomb troublé par la Sainte Inquisition, est convenu d'une erreur, bien pardonnable, puisque nous lui devons la découverte d'un Nouveau Monde. Copernic, Newton, Képler, Bacon, Pascal, Huygens, Humboldt, et tant d'autres m'ont tant posé de chiffres, d'équations et de problèmes, qu'un millier de forgerons frappent à qui mieux mieux sur mon encéphale. Il en résulte que moi aussi j'ai manipulé des hiéroglyphes fantastiques, tracé des cercles incommensurables, rêvé des distances impossibles, des routes cométaires, des paraboles insaisissables, avant d'arriver à l'apogée de mes recherches. Et voilà que, tout à coup, une tangente m'a lancé au delà! du zénith de la perception. Retiens bien le temps présent : A moins d'être fou à lier, nul Préfet, nul Académicien, nul agent de l'autorité n'osera le contester. Tu sais ce que vaut la pression atmosphérique, combien une chaudière à vapeur d'une résistance mesurée en peut contenir, tu sais aussi les forces produites par l'électricité, par le magnétisme, par la dilatation des gaz, par les fulminates, les torpilles, les fourneaux de mines, etc. Eh bien! ma découverte part de là. C'est-à-dire du temps présent qui m'a servi de point d'appui. Plus heureux qu'Archimède, je l'ai dans l'esprit ce point imperceptible, perdu dans l'immensité des corps pondérés; point magique, car, malgré le poids suspect de mon levier, il suffira pour préciser dans une certaine mesure LA FIN DU MONDE ACTUEL!... Déjà, il a renversé bien des Empires, permis de lever bien des voiles, bien des doutes; mais il restait à le dégager de mille inconnues. *Euréka! Euréka!* Je l'ai trouvé!

D'abord, Compagnon de mes veilles, écris le principe que voici, afin de le vérifier : La mesure du temps qui sépare les grandes découvertes varie selon la somme des progrès obtenus entre deux époques; il en résulte qu'une loi gouverne cette variation sous la dépendance d'intervalles inégaux; lesquels sont, quant aux carrés des temps, en décroissance constante les uns des autres. C'est-à-dire qu'ayant des rapports entre eux de plus en plus rapprochés, à des points de contact ils s'engendrent et se multiplient.

C'est fort bien, me dis-tu. — On voit, en effet, pour donner à l'esprit une mesure d'appréciation sensible, on voit à la lieue du coche de 1447 (1), celui que l'empereur Ladislas offrit à Marie d'Anjou (2), à la lieue de celui de Henri IV (1600), à celle du carosse de 1650, se substituer les quatre lieues du *coucou* de 1789, auxquels nous opposons

(1) Chariot non suspendu. A cette époque, il n'y en avait que trois dans Paris. On disait alors *la coche.*

(2) Femme de Charles VII.

aujourd'hui, dans un même laps de temps (2 heures), nos seize lieues de chemin de fer. Que penser maintenant du jour prochain, quand, de progrès en progrès, nous serons maîtres de la voie aérienne? Tout cela — 1, 2, 4, 16, — ne sera-t-il pas remplacé par un parcours de 64 lieues en ballon? D'après la progression géométrique, il est permis de le croire. Mais après?... Mais ensuite?... — Patience! Il nous tarde d'y revenir. En attendant, il convient d'ajouter que l'instrument le plus perfectionné devient une arme dangereuse et blesse des mains mal habiles; il est bon, alors qu'elle passe en celles de la perfidie, de voir le rôle que joue cette arme, se nommât-elle machine? fût-elle un texte de loi? Cette vue d'ensemble, réconfortante, peut déranger bien du monde. Est-ce un mal? Si c'est un bien, chacun de nous doit s'observer, réagir sur lui-même, et ne point s'amnistier en plaidant le pour et le contre au préjudice de sa conscience. Un ver rongeur est-il en quelqu'un de vous? Tuez-le! Suivez d'autres docteurs ou lisez nos ordonnances, peu importe, pourvu que vous soyez régénérés.

Vaines paroles, dira-t-on, discours de prophètes, méchants propos. Vivent les plaisirs! la coupe et les dés! Vivent les jupes en l'air! C'est plus réaliste. — Quelle voix est la vôtre, Folâtres étourneaux? Entendre, comprendre, et, surtout, vouloir se respecter, sont trois choses démodées, et selon vous, nous devons en convenir... Hélas! ce monde d'heureux (?) est bien décrépi, bien fardé; il souffre de mille et mille excès, il se meurt de consomption et veut en finir. L'observateur attristé poursuit ainsi sa route sans dévier. Malgré le mauvais vouloir qui l'enserre, en butte à la perversion des milieux, devant les siens exténués d'épuisement, sous l'œil jaloux des mortels hautains, il voit en beaucoup de sujets étudiés sur le vif, notre système nerveux passablement détraqué au contact des alcools et des gangrènes. Il faut bien le constater; celui-ci est sourd, celui-là impotent; cet autre, toujours furieux, a les yeux hors de tête; ce quatrième, plus insensé encore, pense tenir toute l'humanité sous sa griffe. Que nous voilà perplexes! Candides Électeurs, il n'est pas jusqu'au mandataire Benoîton, absent de partout pour cause d'avarice, introuvable, même au banc d'œuvre de sa paroisse qui ne veuille point admettre de France et de Français en dehors de son clocher. Plus de lien national! La patriotique sympathie recule; la guerre de classes avance. Ah! nos Dirigeants nous mettent en grande misère; car ils font échec à la Révolution, ne sachant ou ne voulant se servir des pouvoirs qu'ils détiennent! Ce qui va suivre en dit assez. Le Palais Bourbon retentit de temps en temps de trépidations, d'échos saccadés, stridents, tout à fait insolites; ce sont des cris : « *à quinzaine! à six mois!* » Ce sont

des velléités sans caractère, des atermoiements, des reculades ; finalement, on piétine sur place. Et la France prolétarienne gémit : elle se
sent écrasée ! Et le char social stationne comme un vieux coucou...
Cantonné dans sa faconde, le Bourgeois censitaire de 1847 n'arrive pas ;
hormis un va-et-vient de ministères racolés par l'agio, rien ne bouge
en dehors des coutumes monarchiques : on assomme comme par le
passé ; vieilles lois et vieux errements se votent avec TROIS MIL-
LIARDS d'impôts !... Un progrès à rebours, un désaccord homicide, un
problème en perturbation se posant ainsi :

LA SCIENCE :

— En s'affirmant par des merveilles sans
nombre se retourne contre le progrès, sa
cause efficiente, et devient la vassale d'une
bande d'exploiteurs.

LE NUMÉRAIRE :

— Comme signe d'échange de plus en plus
en abondance, s'avilit d'autant de sa valeur
nominale ; il n'est plus qu'un leurre aux
mains du prolétaire. Pour un très grand
nombre de citoyens, c'est le capital aléatoire.

LA CONSCIENCE :

— Boussole de nos actions, se change en
pierre de touche de la valeur de l'*être* : Elle
va disparaissant, alors que sa mesure exacte
s'abaisse et se prostitue.

LA MISÈRE :

— En moyenne, elle s'accroît fatalement
dans la proportion de — un misérable par mille
francs. C'est-à-dire de — *un million d'hommes*
par chaque milliard prélevé sur le travail sous
forme d'iniquités, de vol et d'exorbitantes
contributions.

A considérer les termes de cette équation sociale, il devrait y avoir
incompatibilité entre les deux extrêmes (*science*, *misère*) ; il n'en est
rien. Tout le prouve : les enrichis et les dépouillés. Or, ces deux
termes se développent parallèlement ; l'un, en perfection, l'autre, en
démoralisation. Pourtant, la science pure contient la sagesse des êtres
et des peuples. Mais à côté d'elle, sous son égide, la chimie fournit
l'acide arsénieux (un poison), la physique trouve les corps explosi-
bles, la statistique dresse ses tables du désespoir en même temps
que l'anthropologie au sortir des profondeurs du globe se voyant face
à face de l'homme-singe, d'un ancêtre gâteux, de nos langes, des ido-
lâtries, des lâches compromissions, se retourne vers l'australien et

vers le troupeau de Panurge et, par son interprète, le savant, compare, délibère, ouvre la série animale :— *Ordre des primates;* — il nous case le voisin du Gorille. Cela ne prouve rien contre la science, au contraire : car tout le mal est en nous et non dans l'usage intelligent de nos connaissances. Différemment, notre action propre est susceptible de bien et de mal; et l'on peut dire : si la science médicale guérit mieux aujourd'hui, la science politique en son progrès, tortueuse, anti-sociale, aggrave nos maux selon les pilules dorées de l'absolutisme de quelques-uns. D'où une somme de souffrance qui étonne, qui irrite, et se perpétue. Donc, la science nous doit autre chose que merveilles et déceptions... ce qu'il faut rechercher.

C'est qu'aussi, et cela saute aux yeux tout de suite, chacune des expressions typiques employées ci-dessus, complexes de leur nature, est une résultante incomplète d'autres équations non résolues, dont les facteurs renferment des inconnues. En effet, pour ne parler que de la Misère, le fortuné d'il y a soixante ans est devenu de nos jours très gêné : le millionnaire l'envahit et lui refuse tout; le producteur dans l'embarras, — *le gêné* —, se sent glisser tout à coup dans la pauvreté; mauvais signes : Gare la faillite! Quant au pauvre d'autrefois, qui vivait cependant, c'est le Misérable damné, le ligoté de l'arbitraire, le souffre-douleur du Capital. Et ce mourant de faim vient s'ajouter au nombre que multiplient l'ignorance, la débauche, le chômage, la maladie, les accidents de la vie, les mauvaises lois, la guerre, ou, ce qui la remplace, la dilapidation des deniers publics.

Ministres encaisseurs, vous que l'on nomme les superbes, faites des théories là-dessus, discutez à perte de vue, jubilez! le fond du tableau tracé à grands traits n'en demeure pas moins effroyable de vérité; il n'est pas moins vrai que le draînage de l'épargne nationale épuise les travailleurs et les démoralise... Ah! le Paupérisme est d'autant plus envahissant qu'il vous nourrit mieux, vous et vos Budgets !

Le moyen d'en guérir? — Nous l'indiquerons. Mais préalablement voici la Fin du Monde actuel, il faut que vous sautiez?

Le Bourgeois dont nous parlions plus haut, sait-il seulement que la vapeur siffle à outrance? que l'électricité franchit les deux océans en moins d'une étape? sait-il ce Bourgeois empêtré de ses *trois pouvoirs,* que la pensée circule d'un pôle à l'autre en un clin d'œil? Évidemment non. Il n'est plus le frère d'autrefois, ce myope, ce satisfait pris au piège; car s'il savait quelque peu de la vie universelle dans ses rapports avec la science, il ne se laisserait ni gruger ni spolier ses épargnes par ceux qu'il nomme ses chefs et par les accolytes des Grands Ministères.

Certes, il y a là une démocratie en péril et des consciences bien en peine, constatation faite qu'il y en ait beaucoup de libres. Songez : l'opium! la nicotine! l'absinthe! les ivresses de l'or! Ah! le progrès, le merveilleux progrès, comme il en blesse de ceux qui ne veulent apprendre à s'en servir! Mais, puisque les émancipés passent devant nous, puisque des hécatombes s'apprêtent et qu'une explosion est proche, n'allez pas croire qu'il soit indispensable d'aller à Saint-Pétersbourg, en Chine, au Japon, pour caractériser ce qu'enfante le présent. Stopez ici. Le voile tombe devant un épisode sinistre; la Méditerranée nous apparaît. Voici le Delta du Nil : l'Égypte et les Pyramides émergent de ses flots bleus, sous un ciel splendide... Un peuple ensemence-t-il des terres vagues de ses sueurs pour exister? attendez un peu qu'elles rapportent et vous verrez venir un Vice-Roi, ou plutôt le roi du vice : « Oses-tu bien — dira-t-il, — lever la tête et vivre sans ma permission, Misérable Fellah? Que fait donc mon ministre des Finances? Vite! Ce travail fécond m'appartient; qu'il émette des actions en masse. Cherchons ensemble des marchands d'or, des brocanteurs d'affaires; nous vendrons au plus offrant, même aux Anglais. A moi les piastres! les guinées! les Banques et les Banquiers! Aux Esclaves de mon sérail des éventails de 700,000 francs... Par Mahomet Messieurs les beaux blonds devant le Seigneur, quelqu'un lève la tête Accourez! bombardez! châtiez! décimez!... J'attendrai aux bras de mes femmes... »

Pouah! le vilain sire! Mettons un point. — Maintenant, appuyé sur la caractéristique d'un peuple écrasé par un autre peuple, soi-disant libre, mesurons la distance qui nous sépare du temps où l'invasion des Hycsos vint mettre fin aux dynasties Thébaines (1), alors que tombait dans le ramollissement une race d'une haute valeur historique; laquelle, malgré ses rois, malgré ses prêtres, ses chaînes et ses fétiches, a laissé à nos méditations des prodiges authentiques de sa remarquable énergie. Voyons ce que devint cette terre des Pharaons sous Alexandre, sous les Empereurs romains, sous Mahomet, sous les Croisades; comptons ces grands intervalles où, avec eux, finit la balistique; et, pour nous repérer à travers ces époques lointaines, délimitons l'esclavage du servage. C'est-à-dire l'homme esclave selon le droit reconnu de l'antiquité, instrument, propriété d'un autre homme qui, en vertu des castes et des contradictions spéculatives, est et n'est point un semblable, quoiqu'en chair et en os tous deux, comparé au serf de la glèbe meublant le bien-fonds, vendu, transmis

____

(1) 21 siècles avant notre ère vulgaire.

avec la terre, alors il nous sera révélé pourquoi toutes les révolutions de fait ne sont que de sanglantes hécatombes, désastreuses pour l'évolution sociale, tant qu'il ne s'en produit pas une dans les idées. Telle doit être la conclusion à établir ; telle est la base de notre conviction.

Ensuite, en suivant la filiation des temps, marquons quelques dates du Progrès continu. Ici, c'est le vénitien Marco-Polo rapportant la boussole de son voyage en Chine, en 1200 ; là, vers la fin du 15° siècle, c'est Vasco de Gama doublant le Cap des Tempêtes (1497), c'est Christophe Colomb atterrant à Saint-Domingue ; c'est la poudre à canon ! c'est la Renaissance ! c'est la Réforme ! Considérons encore le travail prodigieux de l'Esprit Humain, celui des Émancipateurs des XVII° et XVIII° siècles ; puis la lutte gigantesque de la Révolution Française ; puis, les découvertes des Frères Montgolfier, de James Watt, de Stéphenson, sans omettre celles des navigateurs des mers polaires, celles des explorateurs qu'ensevelissent les déserts ; tournons les feuillets de la science de notre temps avec la plus vive admiration ! Et cependant, après cet acte de justice, quand nous aurons accompli cet immense labeur, compté les innombrables inventions, quand nous aurons vu, d'un côté, la foule des merveilles jusqu'au Téléphone, toutes les richesses remuées à la pelle, en Banque et en Dock, et de l'autre côté, comme dans les ténèbres, vu la grande, la plus intéressante partie de nos semblables sous une fatalité qui les marque sans rémission du sceau de la mort à bref délai : la jouissance des uns étant faite de la ruine des autres, devant cet enfant maudit arbitrairement, qui naît et meurt dans les bagnes de l'Industrie, de quelle voix de révolté ne devons-nous pas nous demander : d'où vient cette persistance de l'Esclavage sous toutes ses formes, comprimant le soldat, le dressant pour la tuerie ? du servage torturant le mineur, l'embastillant dans l'erreur, dans l'Église, dans les cachots ? demandons-nous enfin, si la science ne fait de l'homme libre et pauvre, un être de raison, que pour l'accabler de plus de honte sous le couteau d'un frère orgueilleux ? Ou plutôt, demandons-leur à ces rois de l'accaparement, ce à quoi pense une telle société pour se précipiter ainsi, par toutes les issues, au plus bas de l'échelle des êtres ?

Qu'adviendra-t-il de tout ce brigandage ? Après la guerre de races, après la guerre de classes, l'Humanité sera-t-elle égorgée par le dernier égoïste ?

Ah ! si nous la prenons à partie, cette Société de 1882, c'est qu'elle se dit, c'est qu'elle a été à la tête de la Civilisation.

Aussi, est-il permis d'entrevoir avec quelle rapidité vertigineuse nous courons vers la catastrophe finale. Ce n'est plus un mystère, ici et ailleurs, plusieurs révolutions grondent épouvantablement jusque dans les entrailles de la terre: d'année en année, des perturbations ont lieu, et vraisemblablement, Mil Huit Cent Quatre-Vingt-Treize dira sans doute le dernier mot. — Plus tard. — Soit ! tous les *treizes* nous conduisent à l'Éternité.

Quoi qu'il en arrive, le champ de bataille est dans les airs où d'étages en étages gît la foudre. Là, Ballons contre Ballons crèveront, les nacelles enflammées décrivant dans l'espace des traînées cométaires, seront précipitées à perte de vue comme des étoupes fulgurantes : on ne sait où encore; mais on ne doute plus de rien. La science va marcher d'autant plus que l'Humanité vieillit, s'atrophie et recule vers l'esclavage du mineur, du salarié, du mourant de faim. Aussi, tandis que là-haut des armées d'Aéronautes porteront la flamme et la destruction les uns contre les autres, alors que les conducteurs de nations continueront d'engendrer cette infamie, cette peste, constatée dès longtemps, de nous mesurer l'oxygène respirable et l'eau des rivières de manière à nous en priver, sous terre, où les prolétaires pullulent outre mesure, ou sont parqués, entassés, abêtis, dans l'étouffement des nobles instincts, dans les miasmes délétères, dans la nuit les enveloppant de son linceul, redoublera une effroyable clameur, signalée, grandissante, elle annoncera que tous les fourneaux de mines étant prêts, toutes les misères accumulées et poussées à bout, toutes les forces réduites et comprimées, tous les efforts brisés, UNE EXPLOSION TERRIBLE, inimaginable, bien que réelle, déterminera irrévocablement la dislocation de notre planète ! Car le formidable craquement d'en bas, répondra à l'incendie d'en haut.

Dès ce jour, tout sera dit : Malheur à tous ! Malheur à notre lendemain ! Ce monde aura vécu.

VII

LES HOMMES ET LES CHOSES DES TEMPS

— HISTORIQUEMENT CLOS —

VUS DANS 300,000 ANS

> Cieux farouches, grands cieux par nous interrogés,
> Que pouvez-vous répondre à l'angoisse du monde,
> Quand nous tournons vers vous des regards affligés ?
> Que dit votre alphabet d'étoiles, mer profonde ?
>
> *Horoscope de la France.*
>
> ADOLPHE G.

I. — Station entre deux Époques géologiques.

Après avoir été cahoté de l'orient à l'occident, rudoyé du bas en haut de l'échelle sociale, dans la foule, sous l'étreinte des ouragans, après un séjour dans les ténèbres avoir été livré à des flots de lumière d'une telle intensité qu'elle vous pénètre, vous absorbe, et vous transporte bien au-delà de tout ce qu'on peut imaginer; quand, de plus, il y a tel nombre si prodigieux, si colossal, que, mis en rapport de nos présomptions historiques, nous en sommes écrasés, il nous semble vraiment curieux de forcer les portes de l'avenir, et d'y vivre un peu à notre guise, éblouis, égarés, transfigurés, dussions-nous y être projetés par une nouvelle tempête de tous les éléments indomptés renouvelant leur loi de gravitation. Cela devant nous changer du tout au tout, les grands Enfants de la terre, malingres, paresseux, têtus, autoritaires, se jalousant jusqu'à s'égorger pour des hochets, ne s'en porteraient pas plus mal. Du reste d'ici peu, le vingtième siècle fera grand bruit, si bien que déjà, le grandiose nous menace par la voix de ses Docteurs.

Dire ici comment on peut s'abstraire de son époque et se retrouver dans le temps à 300.000 ans de distance n'est pas chose facile. Néanmoins, nous allons l'essayer. Une première question se présente : Que peuvent bien contenir ces 3,000 siècles? Puis une deuxième : Quel esprit assez hardi, assez perspicace, assez invulnérable, ose ainsi s'affirmer pour s'embarquer dans de pareilles vues? Voilà deux interrogations qui, à elles seules, valent bien une tuile sur la tête. En effet, ne vous semble-t-il pas à l'énoncé de cette *longue-longue-longue durée* sentir votre crâne se fendre et voir votre cervelle se répandre en évaporation? — *Peut-être !* dit l'un. — *Qui suis-je?* reprend l'autre. — *Où vais-je?* ajoute celui-ci.

Grain de sable, molécule, atôme, répond le Docteur.

Quant à notre particularisme, il nous plaît de nous affranchir de la matière et de la dominer; en sorte que notre amour pour les chiffres nous donne cette formule de l'infini ($x = \infty$) que nous exprimons comme suit : pour le *passé* $(o \times o') = o'' > x$, plus des inconnues multipliées par des inconnues, $+$ des myriamètres de o; revient à cette notation $\frac{.}{o}$; et pour l'*avenir,* $o'' < x = (o' \times o) + x \times o + x \times o$, etc., etc... Donc derrière nous comme devant, en face de l'Éternité, nous sommes autorisés à nous reconstituer *a priori* comme *a posteriori* sous une formule quelconque, et, vu l'indestructibilité de la matière, vu le principe vital s'y associant sous certaines conditions, vu le souffle qui nous anime, à produire notre affirmation d'une existence indéfinie, indéterminée, dépendante qu'elle est des Révolutions sidérales.

Puisque voici un raisonnement clair comme de l'eau de roche, puisque nous sommes des gens de revue, nous allons passer outre et piocher vigoureusement nos terrains géologiques, à seule fin de nous retrouver aux deux extrémités de notre MOI RAISONNABLE. Deux problèmes nous sont soumis par le transformisme, l'un d'origine ; l'autre de destinaton à une suprême perfectibilité dans l'Éternel Devenir. Des savants venus à la peine nous tendent la main; ils résoudront certainement le premier. Qu'ils sachent notre souci, notre mort prochaine ; et, à leur suite, remontons les âges.

Huxley en passant chez Pigafetta (XVIᵉ s.) ne veut pas aller au-delà de l'époque moderne pour considérer l'homme dans la nature et dans l'antiquité. C'est un paresseux. Pigafetta, compagnon du navigateur Magellan, ne fut ni philosophe, ni géologue, ni anthropologiste. Que n'a-t-il consulté Bérose, Aristote, Hérodote, Pline l'ancien, Strabon, etc., il aurait pu, d'après leurs relations, découvrir chez les anthropomorphes ou une lacune ou une rupture d'un type commun, dont la destination devait produire plusieurs familles de l'ordre des *Primates* (1). Déjà il est permis d'entrevoir qu'une dislocation a eu lieu au préjudice des *Hominiens*, et que l'une de ces familles a pu, tant au physique qu'au moral, suivre une voie de perfectionnement; et d'autres une voie de dégradation.

Sans nous étendre là-dessus, il importe de bien retenir cette constatation : chez l'homme l'attitude est verticale; chez les Anthropoïdes de la deuxième famille, elle est oblique; chez les Pithéciens et les Cébiens, elle se rapproche de l'horizontale; et chez la cinquième famille, celle des Lémuriens, elle est celle des quadrupèdes; d'où l'échelle des êtres Anthropomorphes (2) sur lesquels la science devra se prononcer. Or, Nous, nous prétendons qu'il y a lacune, et qu'un intermédiaire a fait défaut jusqu'ici. Nonobstant, et dans tous les cas, ce qui se reproduit dans le Progrès merveilleux a une chance de durée que ne peut avoir la chute de l'être dans la bestialité. Ceci étant expérimental, à tout bon esprit de s'en enquérir. Cependant, nous ajouterons ce qui suit — et cela d'ailleurs fait partie du domaine commun— : Il y a entre l'homme et certains animaux beaucoup plus de rapprochement et de sympathie qu'il n'y en a entre certaines races d'hommes, entre les agglomérations d'une même contrée, et aussi, ô abomination! parfois et trop souvent, dans une même famille, entre les individus qui la composent. Ce résumé étant acquis à l'observation, nous descendrons immédiatement dans les profondeurs de la terre : il nous tarde de nous reporter à 300,000 ans en arrière; ce qui est peu de chose à côté des *Sept Cent Millions d'années* qu'il a fallu pour la formation de la croûte terrestre.

D'un bond nous voici à l'époque de la pierre taillée, aux habitations lacustres, c'est-à-dire à l'âge quaternaire. Nous laissons nos savants s'arrachant les cheveux entre eux — ce qui ne leur fait pas grand mal, — le soin de fixer l'apparition du précurseur de l'homme. Que ce soit à l'époque *miocène* ou à celle dite *pliocène*, l'intérêt qui nous attache à l'engendreur de notre Prototype n'en peut être diminué. Nous négligeons de même quelques milliers d'années et l'époque contemporaine des terrains d'alluvions; somme toute, les 3,000 siècles vécus par nos ancêtres suffisent à démontrer que nous nous sommes bien gardés de prendre à notre service des chiffres de fantaisie.

Maintenant devant la race du *Néanderthal*, devant le type perfectionné du *Cro-Magnon* du milieu de l'époque quaternaire, il nous reste deux jalons à poser avant d'aller rejoindre en quelques enjam-

(1) Voir Broca.— (2) A face humaine.

bées l'Espèce soupçonnée intentionnellement et prête d'aboutir, comme il est dit par hypothèse; laquelle doit nous juger dans un avenir prochain fixé par nous à la même distance que celle où nous sommes de notre passé. Qu'est-ce, à près tout, que 6,000 siècles pour une métamorphose? Le premier jalon n'exige pas moins d'une cinquantaine d'années pour apprécier les diverses civilisations qui se sont succédées avec des reculs jusqu'au progrès moderne, celui dont nous vivons. Les chapitres d'analyse et de critique qui précèdent, les détails qu'ils renferment, nous dispensent de nous y appesantir. Bref, l'étude faite entre l'Homme et la Bête n'est pas toujours à notre avantage; les preuves ont été fournies; elles démontrent ostensiblement que la brute des temps primitifs a laissé des rejetons tant aux Iles lointaines qu'en nos campagnes, qu'en nos cités. De là notre cri d'alarme : Réforme! Redressons-nous! Transformons-nous!... Les faits évoqués sont là, patents, indéniables. Une mauvaise direction de notre faculté de connaître, détourne les heureux résultats, le but proposé s'obscurcit, la nuit nous couvre, la curiosité nous égare, et, en quelque sorte, le progrès nous tue; notre désir d'être plus fort, de valoir plus, de mériter, d'être savant, d'être meilleur, s'anéantit dans la misère des uns ou dans l'opulence des autres. Car, fatalement, voilà bien les deux facteurs de l'antagonisme inhumain: oui, nous retrouvons toujours en présence ces deux termes opposés : Misère ! Opulence !

Et cependant, l'intellect atteint des limites inespérées, les sciences vont à pas de géant vers leur apogée; une philosophie nouvelle élabore ses prodrômes, rien de plus certain. Mais, par contre, voici que tout ce développement sert des appétits désordonnés, provoque des passions stupéfiantes. Il faut le dire et le répéter : au physique notre Espèce souffre, s'étiole, s'enlaidit, elle retourne à sa barbarie d'origine; au moral, elle en mourra! Remarquons-le bien, ô mes Concitoyens, cette page résume les Ordonnances du Docteur Terrible; il a exploré le cerveau humain et découvert, non loin du *petit hypocampe*, une lésion et une déviation, d'où il a conclu qu'il manque un sens nécessaire à notre perfectibilité. Ce sens si extraordinaire, si peu localisé, exprimant la droiture, la vérité, la justice, saurons-nous le tirer de son état rudimentaire? Saurons-nous l'acquérir par une forte volonté greffée sur nous-mêmes?

Hormis le poëte, nul téméraire n'ose répondre. Le sentiment de la vulgarité et du terre à terre né de l'ignorance et de la peur, a oblitéré la pensée des races humaines aux époques de leur enfance; il a par transmission, atrophié nos lobes cérébraux en nous tenant prosternés devant le surnaturel, l'autorité et l'absolu. Par trop opprimés, par trop abêtis, nous avons succombé dans la mystification du Péché Originel; tous les mensonges nous ont pénétrés de leur virus : Et nous fûmes des Lépreux; et nous voilà des Révoltés. En un mot, Ironie du sort, nous travaillons à notre déchéance et produisons des merveilles. Il est grandement temps de rentrer en nous-mêmes, de respecter notre conscience, d'y porter le fer et le feu qui doivent nous purifier : le fer de la raison, le feu de la logique; il est temps de ressaisir le germe fécond, de retrouver en nous la place qui nous appartient dans la création ; puis, grandis en puissance, libres et convaincus n'aurions-nous qu'un rameau d'égalité dans une de nos circonvolutions évolutives, d'y greffer un sens nouveau de sympathie, d'altruisme, de solidarité, car l'organe qui doit nous compléter est encore embryonnaire.

Le second jalon, signalé plus haut, nous est fourni par l'Astronomie. Il est complexe et encore dans les limbes en ce qui nous concerne car il n'existe pas seulement dans l'imagination, nous verrons, tout à l'heure, comment il s'est produit antérieurement. Mais, puisqu'il est comme enfoui dans l'incommensurable Éther, ce labyrinthe des années insaisissables, nous n'irons pas jusqu'à vouloir approfondir ses inconnues. Qu'il nous suffise de suivre la marche humanitaire, tâche énorme, et de rappeler ce que nous en avons dit dans le chapitre : — UNE EXPLOSION DE PICRATE DANS LE CHAOS DES IDÉES — pour accepter comme singulièrement vrai, dans la somme de probabilités, *Une destruction, instantanée et totale de notre Globe.*

Que ce soit le fait d'un renversement d'équilibre du centre de gravité, de la perturbation de l'axe terrestre, du changement d'état de la matière ou du vagabondage des Comètes, ou que ce soit l'œuvre du désespoir, celle des travailleurs descendus d'étage en étage, de dix à vingt kilomètres dans les entrailles de la Terre, lorsque, ne vivant plus que d'une vie artificielle, sans air pur, sans moralité, sans âme, sans soleil, ils n'auront plus la force de sortir de leurs puits: quand, voulant en finir à la rencontre d'une Fissure toute béante, ils y conduiront des sources de Naphte et de Pétrole d'une force explosive de mille atmosphères, capable de tout rompre, de tout enflammer. Vainement, crierez-vous : *Gare là-dessus!*

Grands orgueilleux, Grands oppresseurs, vous l'aurez voulu ! Une heure de justice sonnera... C'est qu'alors les peuples auront été refoulés dans l'obscurité, dans l'abjection ; c'est que le sol, le sous-sol et les fleuves, capturés, épuisés, que la houille et les métaux, les fruits et les blés, détournés de la circulation, volés, amoncelés, engloutis dans le vice, disparaîtront... Ah ! si la voix des Prophètes n'est entendue, si la raison ne nous sauve, si nos rayons d'espoir et de soleil sont dispersés dans les massacres, nous n'aurons plus qu'à provoquer les tonnerres et qu'à nous en remettre aux Cyclones, aux Éruptions ! Cette science-là, du moins, ne saurait transiger. C'est écrit, elle s'affirmera imperturbablement. La fin déplorable d'un Littré ne peut prévaloir sur la solution des causes finales ; aussi, quand elle dit : « Tout commencement à une fin ; mais rien ne se détruit, pas un atôme n'est perdu, » nous nous découvrons respectueusement devant Elle... Et vogue la galère !

Quel magnétisme nous transperce ? Est-ce que la terre tremble sous nos pas ? — Expliquons notre pensée. L'Astronome Olbers de Brême n'a-t-il pas considéré les mondes de Cérès et de Pallas comme deux fragments d'une très volumineuse Planète qui aurait été brisée par une explosion intérieure ! Ne l'a-t-il pas, par sa découverte de Vesta (1807), prouvé avec Harding, Hencke et Hind. — Oui. — Eh bien ! nous n'en demandons pas davantage. Et voilà justifiée notre opinion sur un cataclysme en puissance de tout renouveler sur la masse terrienne dont nous sommes la végétation : Nous ! Plantes et Animaux.

Étant donné deux emjambées comme un esprit philosophique les entrevoit, celui-là peut s'il le veut se retrouver en notre compagnie, celle du Docteur et de son humble Partisan ; il lui suffit d'avoir recours au véhicule d'une hypothèse transcendantale, facile à concevoir. Et ce dont nous sommes ravis, enchantés, transportés, — c'est le mot, — lui apparaîtra soudainement ! Quelle joie de renaître au sein d'une Espèce supérieure, dissemblable à la nôtre, florissante en beauté ! en liberté ! travaillant à se pourvoir d'une affection vive, à mettre à profit la longévité que donnent des sens créés spontanément, éclos avec cette merveilleuse famille, alors qu'elle sortit des décombres où nous et nos descendants rendîmes le dernier soupir. Car l'Éternité n'a qu'une seule expression : suprême, diffuse, vibrante, admirative, Elle depasse en poésie le langage des peuples besogneux ; comme chant harmonieux, elle résonne avec les heures solennelles ; elle s'inspire de leur fuite dans le temps et dans l'espace, puis, à travers un prisme spectral, les montre toujours présentes au chaste amour de notre pensée, toujours retentissantes !

II. — Une Renaissance dans l'Éternité.

Magiques travaux, terribles avatars, les douleurs de ce monde nous ont été épargné; la mort ne fût qu'un sommeil. Nous venons de supprimer d'un trait de plume les 3,000 siècles qui nous séparent de la reconstitution des éléments physiques de notre terre, et des êtres tant désirés qu'elle engendre par affinité, par attraction. Le présent soleil se continue d'un éclat moins accablant, l'heure éternelle s'accentue; nous vivons enfin du pain de nos récoltes, de la pensée de nos philosophes.

Lecteurs pleins d'imagination, réveillés dès l'aube, étant meilleurs, plus heureux, plus forts aujourd'hui qu'hier, vous rendez-vous bien compte des drames, des crises, des guerres, des hécatombes de peuples et des cataclysmes qui, avant que vous ne soyez enfantés, ont marqué au cadran historique, tandis que notre Bonne Mère Nature dorait ses plus beaux fruits, renouvelait sa Flore et sa Faune en vue de vous héberger en paix à une aussi longue échéance? Vous souriez. N'étant pas nés criminels, pour vous le crime n'a jamais existé : vous traitez de fables Saturne dévorant ses enfants...

Ah! comme les langues orientales se sont transformées : Indra a créé les *Darwiniens*; Confucius a touché ceux qui furent des mandarins chinois, il en a fait des candidats laboureurs. C'est la fonction la plus recherchée. La Trimourti indoue propageant les méthodes de Pestalozzi et de Herbert Spencer, unie à l'expression grecque d'une antique beauté, inspire les Instituteurs et les Conférenciers ; ils sont des égaux. Car, ce qu'il convient de remarquer ici, sur cette terre vierge, c'est que les travaux les plus désagréables ont même considération dans l'utilité générale. Cette égalité de services rendus réjouit tout à fait le *Genre Hominien* de Broca. Tout est pour le mieux : de belles races ont reconquis leurs places sous le soleil, leurs droits à la vie, à la fécondité, à l'allégresse ! Les continents soudés ensemble à la suite de l'exhaussement des roches sous-marines possèdent une mer intérieure parsemée d'îles ; extérieurement, jusqu'aux deux pôles, voilà que de profonds Océans forment une ceinture aquatique favorable aux navigateurs, baignent capricieusement les côtes et les assises des bancs de coraux, les alluvions et les terres promises.

L'époque *quinternaire* s'offre à nos méditations. Quel attrait ! voici des races typiques nouvellement écloses; une nature luxuriante ; l'oiseau de passage et l'oiseau privé, les quadrupèdes utiles et serviables; l'hygiène règne en tous lieux; l'air salubre, l'eau limpide, ont des appropriations de convenance ; les forêts, des ombrages et des retraites; tous y viennent en foule s'instruire et s'y délasser.

Tous ! pères, mères, jeunesse imberbe, éphèbes et fiancées. Un sentiment de la respectabilité des choses pénètre les nouveaux élus ; se voyant protégés dès le berceau, toute générosité s'épanouit, toute conception a la vigueur du jeune âge. En cet ensemble d'activité, de bonheur et de perfection, la rose rouge se mêle à la *rose bleue ;* le rouge-gorge au *merle-blanc ;* le lion et le tigre, chez eux, vivent de leur chasse aux reptiles, ils veillent à la sécurité des déserts ; la Minerve, réellement femme, couve du regard ceux qu'elle aime. Pouvait-elle s'en dispenser ? Ah ! le doute n'existe même point. Quelque Phidias sommeillait dans l'œuf.

Or, voici une Riche nature taillée tout d'une pièce, réglée, équilibrée, grandie avec un organisme accompli, pour une destinée d'amour, de labeur et de recueillement : Les superbes sont des cultivateurs ; les sages, des écoliers : ils étudient les lois universelles, une science générale, un langage unique d'axiomes, de vérité, langage symbolique, attrayant, musical ; ils lisent dans les astres. Les forts ne s'en tiennent pas à tracer des routes, à creuser des canaux, à construire des habitations pour les familles naissantes, ils ont cette curiosité de fouiller le sol et de vérifier ce qu'ils y découvrent. A la surprise succède l'étonnement... puis, l'émotion redouble. Des Ours bruns et des Ours blancs se sont réconciliés avec leurs conducteurs ; ils dansent ; ils se font un jeu de porter des fardeaux.

Splendide attraction ! à droite, à gauche, devant nous, s'ouvrent gratuitement : un musée, une bibliothèque, une salle de conférence, un cirque, un théâtre ; plus loin, une piscine alimentée d'un cours d'eau ; à deux pas de là, près d'un Caravansérail aménagé selon le goût utilitaire, une tranchée d'exploration, vaste et profonde ; et nous voici tombant des nues. Le ciel resplendit, l'air caressant parfume les alentours ; un doux émoi se respire. Et voilà des foules surgissant de toutes les avenues. — Quelle nouvelle ? — Les deux Hémisphères envoient leurs délégués aux Champs Élyséens que voici ; ils s'avancent aux sons d'une fanfare, tout rayonnants des travaux accomplis.

Spectacle unique ! la sérénité domine l'émotion. — Qu'est-ce donc ? Une exposition d'archéologie et de paléontologie va s'inaugurer. Ah ! comme la curiosité nous tient haletants ! Dans ce moment solennel, sous un dais de verdure nous couvrant de son ombre, nous fraternisons tout d'abord ; on dirait d'anciens personnages revêtus de costumes nouveaux, à nous voir assis sur des talus verdoyants. C'est grandiose...

Les fouilles étant faites, voilà sous la vérandah, des antiquités bien vieilles : des vases de Chine et du Japon, des glaces de Venise,

des amphores de Bohême et des pipes turques. Autre série : des tibias
des crânes, des squelettes, des dents d'éléphants, des cornes de tau-
reaux, des plumes de paons, d'aigles et d'oisillons, et des pipes alle-
mandes. Sur l'une d'elles est écrit : *Berlin. Frédéric II*. Puis encore,
un fleuron de la couronne de Charlemagne, dûment étiqueté et daté
par erreur de convention, l'an 800 ; puis, un débris endommagé
d'origine barbare, autant dire un crâne carré sous un casque pointu
dans lequel, ô singularité ! gît à l'état de vétusté comme au plafond
d'une voûte, le hanneton traditionnel ! Autre série de provenance
Batave : des diamants, des médailles, des toiles, une cargaison de
café vert, un Ténier, un Van-Dick, un Rembrandt, et, miracle !... des
pipes, des pipes : dix tombereaux ! A côté de ce monticule, une mon-
tagne fortunée de la Blonde Albion : des boîtes à thé, du bois des îles
au chiffre de *Kew* et au millésime de 1871, du fer de Suède, des chau-
dières à vapeurs, des rails, tout un musée — celui de Kensington —, un
tableau d'icelui assez bien conservé : *Les drames de l'Ivrognerie...* Et
des pipes, des ancres de marine et des pipes ! des Bibles et des pipes !
— Heureusement pour notre société Arcadienne, les hiéroglyphes
se lisent couramment, tandis que l'anglais ne se parle, chez la gent
ailée, qu'au retour des *ornithies* (d). — De la même série et de provenance Belge sous un soleil brabançon : deux statues sur lesquelles ont
lit : André Vésale, Gendebien. Puis un tableau de Wiertz : une conception hardie. Ah ! Ah !... (e) Hélas ! Quel Géant que ce monstre !
comme il écrase toutes ces populations grouillantes à ses pieds ! Il
appartient bien, faut-il croire à des époques maudites. Puis enfin,
cherchez ?... Cherchez encore ? — Des pipes ! des pipes !... Des pipes à
remplir les grottes des bords de la Meuse. Vient ensuite les pavillons
du Nord. Dans l'exposition de l'Aigle à deux têtes embrassant du
même coup-d'œil l'Orient et l'Occident, où se trouvent les métaux précieux, des cuirs de Russie, provenance de Moscou, une caricature
Nihiliste : *Pierre-le-Grand et Catherine II dansant la Carmagnole.*

    — Faudra voir, fit un savant, j'écrirai la-dessus un mémoire expli-
catif. —

(d) Vents du printemps. Ils ramènent en Europe les oiseaux voyageurs.

(e) Le géant de Wiertz est un colosse, un type monstrueux hors nature. Mais
ici, en notre pensée comme en celle du peintre, qui assurément dut-en souffrir,
nous n'attaquons pas seulement la hideur d'une telle masse de chair, c'est
surtout l'être herculéen qui, sorti de l'humanité, passe au-dessus d'elle comme
un fléau. Tels vécurent Caligula, Djenguys-Kan, César Borgia, le Roi Soleil, Phi-
lippe II, Mahomet, Napoléon, et *tutti quanti*. Misérable orgueil, détruire en soi
tout sentiment humain, n'avoir point de cœur, mépriser les peuples, tuer et mas-
sacrer pour s'élever au sommet d'un siècle... A qui la statue brisée ?

Au bout de la rangée des Tzars momifiés, sur un marbre vert, un Pope dans les bras d'un ours blanc : belle incrustation d'un schiste de l'autre monde. En regard, une collection de traités ténébreux et indéchiffrables, sauvés on ne sait comment; enfin! enfin! pour en sortir des amas de pipes à faire tourner la tête. Le Caucase s'étant effondré, il en est venu par cette voie des quatre points cardinaux, que c'est pyramidal ! — Une dissertation où chacun des exposants dit son mot, nous arrête un instant sur ce sujet. Et les voix de se croiser : « Ah! le « singulier monde...Quelles drôles de gens...Que diable faisaient-ils de « ces monceaux de poterie?...Vivaient-ils donc de gloire et de fumée? » Bah! Bah! fait un ancien ils s'empoisonnaient et mouraient gaiement par ce procédé sauvage. On rapporte de ces époques *anté-volcaniques* si tellement perdues qu'il en reste à peine trace, que des peuplades océaniennes, pour se distraire, s'inoculaient ainsi la peste.

Un déchiffreur d'égnime prend la parole et dit : C'est bien cela que j'ai établi dans mon rapport anthropologique. Parmi les animaux de ces temps-là, régnaient, parait-il, des sortes de bipédes bien extravagants. Voici ce que j'ai lu dans un vieux bouquin tiré d'un sarcophage en bois d'acajou recouvert de deux enveloppes, l'une d'argent, l'autre de platine — côte à côte du bouquin gisait, par parenthèse, un triste sire répondant au nom de J. Noriac. « *Ce Jules de la* BÊTISE HUMAINE *mourut du cancer des fumeurs.* » Diantre! est-ce à dire que ce fait parisien, simple et vulgaire, tant la coutume avait d'empire sur les moutons de Panurge, n'est relaté au courant de la plume que pour constater un des modes d'empoisonnement? Auditeurs, tout dépaysés que vous êtes de m'entendre, de grâce, vous ne le croyez point! Libre à vous de distinguer et de choisir entre le haschisch, l'opium et le tabac. Nous constatons un engouement que partagea la reine Pomaré. Une sauvage des îles Haïti, passe encore; mais aux pays des orangers, des ceps de vignes, mais sous le ciel de la rose, du lilas, des aubépines, quel désenchantement ce devait être! Car il y avait eu, rapportent des fragments d'histoire venus jusqu'à nous, une Europe civilisée, des gens de bonne compagnie, des minois riants et charmants. Et pourtant, malgré cela, le tabac continuait de les enfumer de plus en plus. Ce vilain produit d'une plante aussi amère que détestable, d'une odeur forte, d'une saveur âcre, nauséabonde, était une source d'impôts, un moyen de gouvernement. Devant le cadavre parcheminé de ce J. N., jugez des ravages que fit le tabac... Un botaniste aux yeux bleus, ramenant la question à sa juste valeur, tire une légende de son étui et lit : « Cet arbrisseau croit d'un mètre à un mètre cinquante; il est de la famille des solanées, originaire d'Amérique, son principe pestilentiel a jouit des faveurs de la cour sous Marie de Médicis. Cette reine mignonne... (!), aux doigts roses (!!) aux lèvres de corail (!!!) fumait dans sa robe azurée, tant et tant, que... (1). »

Personne n'écoutant plus, il en reste là. Ce à quoi quelqu'un de la foule des *Néo-Parnassiens* répond : Ne voyez-vous pas que la question mérite toute votre attention ; elle est de la plus haute importance ; nous sommes à l'époque du terrain de *molasse*. L'être humain d'alors ne pouvait se soustraire à certaines influences déraisonnables : l'usage ! l'excès ! l'aveuglement ! la chute ! quoi encore?... Vous n'avez pas tout lu, savantissime botaniste : — « Le prince de la bêtise et de la dynastie des JULES passa par l'Église pour aller en terre de repos. » Ainsi, s'étant rivé à une bigote qui le sequestra pour l'occire, s'en alla Littré ; ainsi, marchant dans son ombre, les poches pleines et le cerveau vide, une sébille en vedette, disparut celui qui avait été l'irrévérencieux Paul Féval ; ainsi de bien d'autres qui furent des comédiens, des sceptiques, des rois, des conquérants, des imposteurs.

En un instant le brouhaha persistant du lointain, doux et confus d'abord, s'accentue, puis devient formidable. C'est l'émotion de la région où nous sommes diversement traduite. Dans nos groupes, chacun s'interrompt, des yeux fouille l'étendue, prête l'oreille : on saisit des cris, des appels, des chants, des acclamations... Qu'est-ce donc? Un peuple nouvellement débarqué vient-il échanger des produits splendides et inconnus? A-t-on fraternisé joyeusement? Va-t-on fêter la moisson du voisinage? quel spectacle! quelle solennité!... Quelle merveille cette grande effervescence peut-elle bien nous annoncer? Nul ne sait encore. Mais la foule déborde, elle nous envahit et nous livrons passage aux plus empressés. — Hé ! Hé ! l'ami ! quelle découverte? parlez! répondez! — Place! Place! fait en gesticulant l'un des plus enthousiasmés ; place à nos amis, à nos savants, à nos découvreurs ; place à nos ouvriers de la pioche, de la mine, et à ceux de la pensée. Voici, bien en vue, une superbe table de marbre onyx, qu'elle serve à recevoir nos précieux fardeaux. Dans cette enceinte, avec les bouquets de bois qui l'entourent, la voix servie par les échos portera la nouvelle de proche en proche ; or, ceux qui ne verront pas du moins entendront. D'ailleurs, il y aura défilé, fête et festin ; on ne saurait trop se réjouir. Ninive, Sardes, Thèbes, Herculanum, Rome, Pékin, Yeddo, comparées à notre trouvaille, sont des histoires en l'air d'environ huit ou dix mondes derrière nous ; voici du vrai ! du réel ! c'est palpitant d'actualité. Notre exploration du sous-sol est enfin

(1) Voir au Louvre les tableaux de Rubens.

couronnée de succès; nous remontons avec des trésors. L'excavation d'à côté nous rend à la lumière du soleil : la bonne chose que d'y respirer !

Un autre nouveau venu, calme et radieux, pressé de questions, répond ainsi : — « En nous voyant pénétrer sous terre, perforer des puits, construire des voûtes, étayer des galeries, nos navigateurs aux allures narquoises ont pu, bercés sur les flots bleus qu'ils aiment avant tout, nous prendre pour des êtres chimériques; possible aussi que des voyageurs en terre ferme déjeûnant et soupant dans nos maisons communales, passant d'un horizon à l'autre entre deux nuits étoilées, en plein ciel, en plein air, sous l'aiguillon d'une curiosité sans cesse renaissante, aient été inquiets de la gravité de nos recherches, alors même que de temps à autre nos cultivateurs nous rappelaient aux travaux des champs. Mais maintenant, voyez toutes ces foules comme elles nous applaudissent. C'est qu'aussi nous avons trouvé dans nos investigations une vieille ville sans dessus dessous, une cité démagogique, s'il faut en croire certaines statues à demi rongées par le temps. Nous sommes en possession de la grande artère; les travaux continuant, à bientôt de nouvelles surprises ; pour le moment, voici deux coffres fort beaux ayant appartenu à un Docteur Terrible d'une époque à déterminer, car l'inscription n'est plus entière. Ouvrons-les !

Aussitôt dit, aussitôt fait. Mais hélas ! au nom du respect des vieilleries artistiques, le premier coffre résistant à toute tentative d'ouverture, l'opération en est ajournée; néanmoins, on constate qu'il doit être du xx° ou du xxi° siècle de la décadence des races gouvernementales. En ces temps-là, savez-vous, le bois, aussi dur que l'acier, était au moyen de procédés chimiques rendu inaltérable. Il n'en est pas de même de l'autre; il cède sans peine; l'emploi du ciseau et du marteau devient inutile; et, sans la doublure intérieure, une chemise de métal qui en protège le contenu, on n'en retirerait certainement pas les fameux parchemins devant lesquels chacun s'extasie. Ce coffre est d'une époque révolutionnaire et antérieure à l'autre. Lisez! Lisez! s'écrie la foule dont l'impatience croît d'instants en instants.

Voici un premier document.

ORDONNANCES DU DOCTEUR TERRIBLE... Bravo! — dit un de ceux qui n'entendent qu'à peine. — Ecoutez donc, vous, là bas!... Un bravo plus retentissant accueille cette invite. Certes, à chaque page, un étonnement manifesté par des ah! ah!... !Ah! explique quelle différence sociale éloigne ces deux mondes l'un de l'autre. O grande et chancelante Pitié, dix peuples assemblés doutent de l'authenticité de ce récit qui semble préhistorique; et l'agitation redouble à cette conclusion, renversante dans sa brièveté :

« Quoi! à l'aphorisme qui dit: *Rien d'impossible à l'homme,* répondre par ces mots d'hypocrisie et de mauvais vouloir : — *Comment donc guérir du mal de misère ?* » — Incrédules, cela est pourtant bien concevable pour peu qu'on le veuille. Mais écoute-t-on toujours son Docteur? l'appeler TERRIBLE et retourner à sa bête d'habitude convient mieux à beaucoup de malades. N'importe, en voici le traitement général et infaillible. Assez de préambule, assez de discours; des actes! des faits! de la vigueur! La parole est à un nouvel ordre de choses : Entendez-le bien... Entendez-le impérativement.

Fermer les temples et les églises des temps barbares, des temps d'esclavage et d'ignorance; frapper au cœur les longues agonies en promiscuité c'est, du même coup, supprimer les prisons, les hôpitaux — vestibules des cimetières, — les casernes homicides, les bagnes du travail où l'on succombe dans l'immoralité et dans les tortures; c'est encore plus, c'est détruire l'agio des banques et des maisons d'accaparement qui tarissent ou rendent improductives les richesses naturelles en les immobilisant, en les réservant pour l'incendie ou pour quelques-uns au détriment de la grande famille prolétarienne. Cette œuvre accomplie, vous voyez déjà, par contre, avec de délicieux jardins pour le vieil âge et la santé de tous, avec des amphithéâtres pour l'étude, s'ouvrir, érigés par les communes, sous la direction de syndics élus, de vastes ateliers nationaux où l'homme n'est plus un rouage de la machine.

Oh! si vous n'êtes des sourds, je vous le dis encore en dernière consultation, et cela, œuvre intellectuelle, dépend de quiconque se dévoue au progrès : Il importe d'avoir un esprit sain dans un cerveau préservé de tout contact empoisonné, progressant par des études variées et graduées selon le poids et le volume acquis dans son état normal; il importe d'avoir un corps robuste bien équilibré et de savoir utiliser la vigueur que donnent l'hygiène, l'exercice, l'alimentation abondante et mesurée bien comprise. Toutefois, il convient en tout état de cause que la force morale l'emporte sur les appétits matériels.

L'individu — unité simple, — la famille, la société, — unités multiples, — ont une action expansive commune et une pensée complexe; ces fractions de l'humanité sous les épreuves de fièvres et de maladies se répandent ou en afflictions ou en perturbations selon l'intensité de la souffrance, selon la durée psychologique prédominante. Remarquez-le bien, s'il y a justice d'appeler à une vie meilleure les nouvelles couches sociales, ni le sentiment tout personnel de bien être, ni l'ins-

truction intégrale, ni les caresses exagérées des parents, ni la philosophie d'action qui fait protéger les jeunes êtres des milles périls de l'inexpérience ne comportent l'entière solution ; bien plus, toute conscience libre ajoute : Il ne suffit point d'accroître une somme d'intelligence moyenne, bonne en soi, mais bornée, mais finie comme celle de la République des fourmis, comme celle de la Royauté des abeilles, la tâche est plus grande ! Tous les vices, foyers de pestilence, s'engendrent en des milieux d'où sort leur contagion ; comme, sans cesse, ils ne tendent qu'à se propager, c'est là qu'il faut frapper le mal de misère pour vaincre obstacles et ténèbres, pour guérir de nos souillures.

Utopistes, à vous de disséminer par toute la terre habitable, maisons, arbres fruitiers et d'agrément, cultures appropriées au sol, afin que chaque famille en soit dotée sans nulle redevance arbitraire.

Mortels, au nom de la solidarité, au nom de l'égalité devant la mort, assurez à la société héritière des âges précédents, assurez le retour des biens que vous avez reçu d'elle. Insensé celui qui voudrait les emporter dans la tombe. Donc, l'héritage à la Commune. C'est alors, mais alors seulement, que tous auront en leur conscience ces formules pour lesquelles tant de sang a été versé.

Se répartir le travail attrayant ; se garantir les uns les autres, ce qu'il y a d'impérieux dans nos conditions d'existence ; concevoir la sympathie la plus pure sous l'action de réciprocité, puis... Mais sans reprendre ici ce que nos passions peuvent exprimer de souverain bien, quelles lois plus justes et plus naturelles à observer ? Montez les plus hauts échelons de la science, il n'en est point d'où vous ne voyez les vieux mondes s'écroulant, les olympes détruits, les trônes des dieux et des géants dispersés au contact de la vapeur, de l'électricité, du livre ensoleillé de vérité. Montez toujours... la moindre voix qui survit à des massacres sans nombre, s'écriera : désarmez ! Elle déclare la fin des brigandages, le vol banni, chassé, méprisé de tous, le vice — chose vile — une lèpre combattue jusqu'en ses marécages et autres séjours d'infection. Elle désigne à la vindicte publique, le plus grand de tous les grands criminels, l'Égoïsme immonde, tantôt un dieu échoué dans la fange, tantôt un maître féroce croupissant dans sa ladrerie, et plus insolent qu'un olympien. Tuez l'égoïsme, — dit-elle, — et voilà tous les vices mis à néant ; et voici, au milieu de ses fils aimés, l'Homme Nouveau hors la nuit des temps exécrés. Dans ce triomphe, le mal de misère disparaît aussitôt.

Forces incommensurables de l'Esprit moderne, conquérir l'air respirable et les puissantes pensées dans un milieu sans limites, sans frontières, voilà ce qui nous distingue et fait de nous une humanité !

Oh! le milieu... pour vous : vermisseaux, Amphibies, Reptiles, Habitants des airs, c'est la zone; vous n'avez point de milieu moral. Telle est l'étreinte qui pèse sur vous.

Humains, vous subissez aussi le milieu physique, mais il en est un autre d'un ordre tout particulier, et celui-là vous le créez. A vous donc le milieu de filiation largement pourvu de félicité, de nobles sentiments, avec toutes ses énergies, ses harmonies, avec son but de destination vers le progrès continue; à vous la terre, à vous le travail! à vous l'avenir! Les horizons inespérés deviendront réels par votre seule volonté.

Excelsior! Haut les cœurs! fortifiez-vous par les enseignements scientifiques, par les héritages à transmettre... Naguère, ô Peuple, trois forteresses étaient debout; Quatre-Vingt-Neuf n'a détruit que celle de la Royauté. Si tu n'es le mauvais Ouvrier rongeant les os dans un hideux repaire, le calomnié s'enivrant dans l'idiotisme, il te reste à prendre la Bastille de la Papauté; courage! il t'appartient de flamber dans les épouvantements cette antre, pleine d'horreurs, que les Marchands d'or vont édifiant jusques aux nues, sur les cadavres de tes malheureux enfants.

A peine terminée, encore émotionné à cette lecture, l'auditoire s'enflamme, disant tout d'un bond : les drôles de créatures! Comment ils n'en étaient que là? Fi! les bipèdes... Fi! les barbares... Puis un double courant de va-et-vient s'établit ; car l'heure du banquet sonnant, chacun songe aux tables abondamment servies, tandis qu'un nouvel émoi ne cessant de se produire, l'on voit osciller et remonter comme une marée tout ce peuple assemblé. Merveille! l'autre coffre forcé par une main habile venait d'exhiber une statue de pierre. C'était le *Docteur Terrible* pétrifié par des procédés tels que la chimie et l'électricité ont pu les fournir en se combinant, c'est-à-dire par une sorte de cibation d'une énergie sans pareille.

Miracle! après un lavage jugé nécessaire, sous l'action de réactifs désinfecteurs des embaumements, une explosion inattendue ébranle les échos; le cadavre de pierre volant en éclats, s'échappe comme d'un cratère, se consume en une gerbe de feu, puis s'évapore. Il passe à l'état de fluide cosmique dans les choses éthérées.

Adolphe GÉRARD.

FIN DE LA TROISIÈME PARTIE

Errata. — Page 17, au lieu de miladys, lisez : *myladies*

Paris. — Imp. E. Desgrandchamps, 45, avenue d'Orléans.